_______________ 님의 소중한 미래를 위해
이 책을 드립니다.

일론 머스크의
소름 돋는
미래 예측 50가지

일론 머스크의 소름 돋는 미래 예측 50가지

최경수 지음

세상을 바꾼 미친 사람
일론 머스크의 경고

메이트북스

메이트북스 우리는 책이 독자를 위한 것임을 잊지 않는다.
우리는 독자의 꿈을 사랑하고,
그 꿈이 실현될 수 있는 도구를 세상에 내놓는다.

일론 머스크의 소름 돋는 미래 예측 50가지

초판 2쇄 발행 2026년 3월 3일 | **지은이** 최경수
펴낸곳 (주)원앤원콘텐츠그룹 | **펴낸이** 강현규·정영훈
등록번호 제301-2006-001호 | **등록일자** 2013년 5월 24일
주소 04607 서울시 중구 다산로 139 랜더스빌딩 5층 | **전화** (02)2234-7117
팩스 (02)2234-1086 | **홈페이지** matebooks.co.kr | **이메일** khg0109@hanmail.net
값 17,000원 | **ISBN** 979-11-6002-445-6 03300

미래를 예측하는 최선의 방법은
미래를 창조하는 것이다.

• 앨런 케이(미국의 컴퓨터 과학자) •

머스크가 예언을 멈추지 않는 진짜 이유

일론 머스크라는 이름은 오늘날 우리에게 극명하게 엇갈린 감정을 불러일으킵니다. 누군가에게는 인류를 구원할 메시아처럼, 누군가에게는 시장을 흔드는 무모한 선동가처럼 읽히기도 합니다. 하지만 감정을 걷어내고 물리학과 공학의 렌즈로 그를 들여다보면, 그는 지극히 현실적이고 냉철한 '문명 설계자'의 얼굴을 하고 있습니다.

그가 쉼 없이 미래를 예언하고 대중에게 공포에 가까운 경고를 던지는 이유는 무엇일까요? 그것은 그가 남들보다 뛰어난 예지력이 있어서가 아닙니다. 그에게 미래는 '어쩌다 마주치는 사건'이 아니라, 물리학적 상수를 입력값으로 넣었을 때 도출되는 '수학적 결과값'이기 때문입니다.

그는 인류라는 종이 직면한 에너지의 한계, 지능의 폭발, 인구의 붕괴를 계산기 위에서 목격했고, 그 파국을 막기 위해 필요한 기술적 장치들을 직접 제조해나가고 있습니다. 그에게 예언은 단순한 주장이 아니라, 자신이 설계한 설계도의 진행 상황을 알리는 '공정 보고서'에 가깝습니다.

하지만 우리가 마주하는 머스크의 모습은 파편화되어 있습니다. 유튜브의 자극적인 썸네일이나 SNS의 짧은 뉴스피드를 통해 전달되는 그의 발언들은 대개 앞뒤 맥락이 잘린 채 '표피'만 소비되곤 합니다.

그러다 보니 그의 예언은 종종 허무맹랑한 공상이나 시장을 교란하려는 노림수로 오해받거나 왜곡됩니다. 맥락이 거세된 정보는 지식이 아니라 소음일 뿐입니다. 많은 이들이 머스크의 '말'에는 열광하면서도, 그 말이 어떤 물리학적 전제와 공학적 로드맵 위에서 발화되었는지 그 '진위'를 놓치고 있는 것이 현실입니다.

이 책의 진정한 가치는 바로 그 '지적인 안개'를 걷어내는 데 있습니다. 저는 머스크의 파편화된 발언들을 수집하는 데 그치지 않고, 그것들을 하나의 일관된 논리 체계로 재구성했습니다. 이 책은 머스크의 발언 뒤에 숨은 거대한 기술적 체스판을 입체적으로 조명하는 보고서입니다. 독자 여러분은 이 책을 통해 다음과 같은 세 가지 독보적인 가치를 얻게 될 것입니다.

첫째, 오해를 넘어선 '맥락의 복원'입니다. 자극적인 보도에 가려졌던 머스크 발언의 본의를 물리학적 근거로 해설하여, 그가 왜 지금 이 시점에 그런 경고를 던졌는지 명확한 진위를 파악하게 합니다.

둘째, 파편을 연결한 '통찰의 지도'입니다. 로봇, AI, 우주, 뇌 과학 등 언뜻 별개처럼 보이는 머스크의 사업들이 어떻게 하나의 '인류 존속 시나리오'로 수렴되는지 그 유기적인 흐름을 보여줍니다.

셋째, 공포를 이기는 '전략적 관점'입니다. 막연한 불안감에서 벗어나 2026년 현재 우리 삶을 뒤흔드는 변화를 객관적으로 직시하고, 거대한 전복의 시대에 개인과 기업이 취해야 할 실질적인 항로를 제시합니다.

이 책은 독자 여러분을 억지로 설득하려 들거나 미래를 단정 짓지 않습니다. 대신 인류 문명의 판도가 바뀌는 50가지 결정적 장면을 선정해, 개인의 일상에서 시작해 지구 밖 우주 문명으로 나아가는 '확장적 관점'으로 구성했습니다.

1장과 2장에서는 여러분의 책상 위 모니터에서 일어나는 화이트칼라의 종말과, 가족의 개념이 해체되는 내밀한 일상의 변화를 다룹니다. 3장과 4장에서는 국가와 화폐의 규칙이 무너지고, 인간의 의식마저 데이터화되는 거대한 시스템의 전환을 목격하게 될 것입니다. 마지막 5장에서는 지구가 연산 노드로 변모하고 화성이 인류의 백업 서버가 되는 우주적 서사를 통해, 우리가 왜 이토록 서둘러 기술의 문턱을 넘어야 하는지 그 최종적인 이유를 설명합니다.

머스크의 사고방식은 전공의 벽을 허무는 '제1원리(First Principles)'에 기반하고 있습니다. 화성의 경제 시스템은 금융인 동시에 물리학이며, 휴머노이드 로봇은 가전인 동시에 사회학적 혁명입니다. 이 책은 그러한 복합적인 맥락을 놓치지 않으면서도, 머스크의 파격적인 발언 뒤에 숨겨진 물리학적 근거를 친절히 해설하는 데 집중했습니다.

저자인 저는 독자 여러분이 이 책을 통해 미래에 대한 막연한 두려움을 지우고, 지능의 폭발이라는 거대한 파도 위에서 자신만의 항로를 설계하는 든든한 나침반을 얻게 되기를 진심으로 바랍니다. 우리가 마주한 이 변화는 재앙이 아니라, 우리 종이 더 높은 차원의 지성 문명으로 도약하기 위한 거대한 출항식이기 때문입니다.

최경수

차례

2장 내 일상에 기계가 '가족'처럼 들어올 것이다

3장 국가와 돈의 규칙이 완전히 달라진다

4장 의식과 감정이 기술의 영역으로 들어간다

5장 지구는 출발점이고, 문명은 확장된다

"평생을 바쳐 쌓아온 인간의 숙련도가 단 몇 초의 연산 앞에서 무력해진다. 인간이 '지적 노동'이라 믿었던 사무실의 업무들은 이제 인공지능이 가장 먼저 집어삼킬 맛좋은 먹잇감이 되었다. 등 따뜻한 전문직의 해자는 무너졌고, 노력의 가치는 데이터의 효율성 뒤로 밀려나고 있다. 이제 성실함은 더 이상 생존을 보장하는 무기가 아니며, 인간은 존재의 가치를 증명해야 하는 낯선 시험대에 올랐다."

1장

열심히 산다는 말이 갑자기 낯설어진다

모든 전문직의 권위는 지능형 공공재로 전락할 것이다

"

변호사나 회계사처럼 복잡한 규칙과 법전을 다루는 직업들은 AI가 가장 먼저, 그리고 가장 완벽하게 대체할 영역이다. 인간이 수천 페이지의 판례를 검토할 때 AI는 단 몇 초 만에 최적의 논리를 구성한다. 규칙을 해석하는 권위는 사라지고 지능은 보편적 공공재가 될 것이다.

(2025년 10월, 미래 투자 이니셔티브 강연)

"

현재, 머스크의 예측대로 되고 있나?

전문직 면허는 유지되고 있지만 그들의 지식 독점권은 사실상 해체되었다. 고가의 상담을 통해 얻던 법률과 세무 정보는 누구나 싸게 이용할 수 있는 인공지능 서비스로 대체되는 중이다. 전문가의 권위를 지탱하던 지식의 희소성이 데이터의 범람 앞에 무너지며 그 위상은 관리자 수준으로 낮아지고 있다.

로봇이 공장의 육체노동을 대신할 것이라는 세간의 우려를 넘어, 머스크의 시선은 사무실 안의 '화이트칼라'를 정밀 타격한다. 지식노동은 본질적으로 실체 없는 정보의 조합이며, 이는 무한 복제가 가능한 소프트웨어의 속성과 일치한다.

그는 수십 년간 쌓인 전문가의 노하우를 문명의 진보를 가로막는 '시스템적 고비용 구조'로 규정했다. 이 비효율을 걷어내기 위해 알고리즘이라는 메스로 지식의 성역을 가차 없이 해체하는 중이다.

판례를 암기하는 변호사나 세법을 해석하는 회계사의 업무는 데이터 관점에서 보면 고도의 패턴 인식 반복일 뿐이다. 지능이 인간의 뇌라는 육체적 감옥에 갇혀 있을 때 면허는 곧 권력이었으나, 그 지능이 무한 복제되는 네트워크로 이식되는 순간 지식의 가치는 추락한다.

기술이 경험의 가치를 수돗물처럼 저렴하게 배포하기 시작하면서, 철옹성 같았던 사법과 금융의 권위는 근간부터 흔들리고 있다. 머스크는 전문성을 신비로운 예술의 영역으로 남겨두지 않는다. 지식이 소수의 전유물로 남아 있는 한 문명의 진화는 정체될 수밖에 없다고 판단하기 때문이다.

그는 인간의 직관을 실시간 연산 공정으로 치환하여, 전문가 개인의 감각 대신 초당 수백만 건의 데이터를 처리하는 최적화 시스템에 판단을 맡긴다. 여기서 말하는 '전문직의 종말'은 단순한 일자리 소멸이 아니라, 오랫동안 공고했던 지식 독점 체제가 무너지는 문명적 전조다.

지적 노동의 신뢰를 담보하던 기준점도 요동친다. 과거에는 화려한 약력과 자격증이 신뢰의 상징이었으나, 지능형 시스템이 전면에 등장하면 믿음의 근거는 '계산된 정답률'로 옮겨간다.

변호사의 화술이나 인품에 기대기보다, 인공지능이 도출한 법리적 결론이 실제 판결과 얼마나 오차 없이 들어맞는지를 수치로 확인하는 식이다. 사람들은 이제 전문가의 모호한 조언보다, 소수점 단위까지 정밀하게 산출된 시스템의 승률 보고서를 절대적인 진리로 받아들인다.

과거 인쇄술이 책을 대중화해 성직자와 귀족의 권위를 무너뜨렸듯, 지능의 독점 시대도 해체의 길로 들어섰다. 정보를 독점해 세워진 권위가 인공지능이라는 보편적 기술 앞에 분산되고 있기 때문이다.

신입 변호사의 업무 상당수가 인공지능으로 대체되는 현상은, 복잡한 전문 지식이 누구나 값싸게 이용하는 공공재로 변모해가는 과정의 실질적인 증거다. 스마트폰 하나로 최고 수준의 자문을 얻는 풍요의 시대는 역설적으로 '전문성'의 가치를 재정의하도록 강요한다.

우리가 지능이라 믿었던 정교한 업무들이 사실은 기계가 더 잘 수행하는 규칙의 조합이었음이 하나둘 증명되고 있다. 지능이 도처에 흔해지는 세상에서 인류는 단순한 지식의 양만으로는 스스로의 가치를 증명하기 어려운 시험대에 올랐다.

이제 지능은 특별한 자산이 아니라 누구나 사용하는 도구로 전락했다. 우리는 지식을 소유한 주인공의 자리에서 내려와, 시스템이 쏟아내는 결과물을 선별하고 관리하는 실용적인 감시자의 역할을 준비해야 한다.

인공지능 로봇이 인간 외과의를 압도할 것이다

“

3년 안에 테슬라의 옵티머스 로봇은 세계 최고의 외과 의사를 능가하게 될 것이다. 그때가 되면 모든 사람이 현재 미국 대통령이 받는 것보다 더 나은 의료 서비스를 받게 된다. 의대에 가는 것은 무의미하며, 값비싼 취미가 될 뿐이다.

(2026년 1월, 팟캐스트 '문샷' 인터뷰)

”

현재, 머스크의 예측대로 되고 있나?

로봇과 인공지능이 수술실에 깊숙이 들어오면서, 의사의 역할은 점차 손기술의 수행자에서 데이터와 판단을 관리하는 존재로 이동하고 있다. 의료 현장의 주도권은 아직 완전히 넘어오지 않았지만, 경험에 의존하던 영역이 정밀한 계산과 확률의 세계로 빠르게 재편되고 있는 것은 분명하다.

2022년 테슬라 AI 데이에서 로봇 '옵티머스'가 등장했을 때, 대중은 로봇의 보행 능력에 주목했다. 하지만 머스크의 시선은 인간 외과의의 미세한 손떨림과 집중력 저하를 '시스템적 불확실성'으로 규정하며 로봇의 손끝에 머물러 있었다.

그는 0.1mm의 오차도 허용하지 않는 알고리즘을 수술에 직접 이식하고자 한다. 이를 통해 병원이 오랫동안 유지해온 전통적 권위를 기술적 정밀함이라는 새로운 기준으로 재편하겠다는 전략이다.

피로와 컨디션에 따라 달라지는 수술의 편차는 의료 현장에서 '인간적 영역'으로 묵인되어 왔다. 그러나 머스크의 관점에서 이는 공학적으로 반드시 제거해야 할 결함이며, 정교한 설계로 극복해야 할 시스템적 오류일 뿐이다.

이러한 사고방식은 의료의 본질을 뿌리부터 뒤흔든다. 특정 개인의 몸에 귀속되어 한 번에 한 명에게만 쓰이던 외과의의 기술이, 이제는 무한히 복제하고 어디든 배포할 수 있는 소프트웨어로 변모하기 때문이다.

기술이 도제식 전수를 넘어 데이터로 배포되는 시대가 열리면서 의학의 핵심은 인간의 숙련도에서 표준화된 수치로 이동한다. 머스크가 의대의 미래를 냉소적으로 바라본 배경에는 지식이 누리던 희소성의 가치가 파괴될 것이라는 확신이 자리 잡고 있다.

그에게 수술은 더 이상 명의가 펼치는 고독한 예술적 투혼이 아니다. 수술이 예술로 남아 있는 한 최상의 의료 서비스는 소수의 전유물로 머물 수밖에 없다는 것이 그의 냉정한 판단이다.

머스크는 거장의 손길을 경외하는 대신, 어떤 기계가 맡아도 동일한 결과치를 내놓는 정밀 공정 시스템을 구축하려 한다. 그가 말하는 접근성 혁명은 신분에 상관없이 누구나 최고 수준의 처치를 받을 수 있는 세상을 지향한다.

환자들이 신뢰를 측정하는 기준도 조용히 변화하고 있다. 화려한 약력이나 수십 년의 경력보다는 시스템이 산출하는 '데이터 성적표'가 그 권위를 보완하기 시작한 것이다.

의료진의 주관적 판단보다 수만 번의 케이스로 학습된 알고리즘의 성공률이 더 강력한 믿음을 주기 때문이다. 이제 신뢰는 의사와 환자 사이의 정서적 유대감이 아니라, 객관적 지표에서 파생되는 결과물로 재정의된다.

이는 과거 장인의 손기술이 기계 공정으로 대체되며 숙련공의 가치가 몰락했던 역사의 반복이다. 의사의 위상은 집행자에서 시스템의 작동을 지켜보는 유지관리자로 서서히 이행될 가능성이 커졌다.

인류는 오차 없는 완벽한 진단을 얻어낸 대가로 생사의 기로에서 나누던 정서적 교감을 기술적 확신으로 대체하고 있다. 이제 병원은 인술의 장소가 아닌 고도로 최적화된 데이터 센터의 기능을 수행하게 될 것이다.

우리는 인간적인 온기 대신 시스템이 보증하는 완벽한 수율에 생명을 맡기는 새로운 생존 문법을 준비해야 한다. 지능이 도처에 흔해진 세상에서 생명 연장 또한 관리 가능한 연산의 영역으로 편입되고 있다.

노동이 사라지면 은퇴 자금 준비는 무의미해질 것이다

미래에는 노동이 선택 사항이 될 것이다. AI와 로봇이 모든 재화와 서비스를 생산하면서 물가는 0에 수렴하고, 인류는 단순히 생존을 위한 '기본소득'을 넘어 풍요로운 삶을 누리는 '보편적 고소득'의 시대를 맞이할 것이다.

(2024년 5월, 비바 테크놀로지)

현재, 머스크의 예측대로 되고 있나?

저축과 연금으로 미래를 대비하던 전통적인 자산 축적 방식이 기술이 제공하는 풍요에 대한 기대감에 밀려나고 있다. 개인의 절약과 비축보다 기술 발전의 성과를 배당받는 것이 생존에 더 유리하다는 인식이 확산되는 중이다. 미래를 위해 현재를 희생하던 결핍의 시대는 저물고 있다.

많은 이들이 노후 파산을 인생의 가장 큰 재앙으로 여기며 자산을 축적하지만, 머스크는 '한계 비용의 붕괴'가 가져올 파장에 집중한다. 로봇이 건축을 수행하고 인공지능이 식량을 자동 재배하는 세상에서는 재화의 가격이 사실상 제로에 수렴할 수밖에 없다는 논리다.

그에게 은퇴 자금을 모으는 행위는 문명의 전환기에 나타나는 시스템적 시간 낭비에 가깝다. 이러한 비효율은 결국 지능과 노동력이 무한히 공급되는 기술적 성취를 통해 해결될 문제라고 그는 바라본다.

그가 던지는 화두는 기존 경제학의 근간을 뒤흔든다. 노동력이 공기처럼 흔해지는 시대에는 희소성이라는 개념이 더 이상 유효하지 않으며, 한정된 자원을 배분하기 위해 존재했던 '돈'의 가치도 점차 흐릿해질 수밖에 없기 때문이다.

기술이 인간의 물리적 필요를 즉각 충족시키는 순간, 인류가 생존 문법으로 삼아온 축적과 소유의 가치는 뿌리부터 흔들릴 것으로 보인다. 머스크는 경제를 더 이상 분배의 문제로 취급하지 않으며, 정치적 투쟁에 매몰되는 한 빈부 격차라는 소모적인 루프에서 벗어날 수 없다고 판단한다.

대신 그는 경제의 본질을 '공급의 과잉' 문제로 치환한다. 자본을 공정하게 나누는 지난한 과정 대신, 누구나 최고 수준의 서비스를 누릴 수 있는 압도적 생산 시스템을 구축하는 쪽을 택한 것이다.

자산에 투영된 신뢰의 기준 역시 격변의 시기를 맞이하고 있다. 우리는 오랫동안 통장 잔고나 부동산 같은 가시적인 실체에 기대를 걸어왔으나, 로봇 경제가 안착하면 신뢰의 축은 점차 시스템 접속권으로 이동할 가능성이 높다.

현재 얼마를 소유했느냐는 숫자보다 지능형 서비스망이 어떤 수준의 삶을 실시간으로 보장해줄 수 있는지가 훨씬 중요한 지표가 되는 셈이다. 재화의 가치를 지탱하던 희소성의 원칙은 기술적 압력 앞에 서서히 무너지고 있다.

고도화된 자동화 공정은 물건의 가격을 끝없이 추락시키며, 생필품조차 공기처럼 값을 매기기 어려운 영역으로 밀어 넣는다. 로봇 군단이 제조 단가를 파괴함에 따라, 결핍을 전제로 설계된 기존의 노후 공식은 그 근거를 잃고 재편되어야 할 국면에 처했다.

이는 평생에 걸쳐 자산을 비축하던 오랜 관습이 시스템에 의존하는 방식으로 전환됨을 의미한다. 소유의 압박에서 해방된 것처럼 보이지만, 이는 개인의 경제적 주도권이 거대 시스템으로 넘어가는 과정이기도 하다.

노동이 사라진 자리에는 축복 같은 여유와 함께, 생산의 주체에서 시스템이 제공하는 결과물을 누리는 배급의 대상으로의 변화가 공존한다. 인류는 이제 물질적 풍요를 얻는 대신 시스템이 설계한 새로운 생존 문법에 적응해야 하는 과제를 안게 되었다.

모니터 속 인공지능이 화이트컬러의 자리를 지워버린다

"

공장 로봇을 걱정하지만, 실제로는 화이트칼라 업무가 AI에 의해 더 빨리 재편될 것이다. 물리적 거동이 필요한 로봇과 달리 소프트웨어는 복제와 배포에 제약이 거의 없기 때문이다. 소프트웨어가 사무 업무를 먼저 대체한다.

(2023년 12월, NYT 딜북 서밋)

"

현재, 머스크의 예측대로 되고 있나?

사무실에서 문서를 만들고 전략을 짜던 화이트칼라의 역할은 이제 인공지능이 내놓은 결과물을 최종 확인하는 수준에 머물고 있다. 지적 숙련도가 곧 경쟁력이었던 시대는 저물고 있다. 무한히 복제되는 알고리즘의 효율성이 인간의 노동 가치를 빠르게 대체하고 있다.

육중한 철제 로봇이 공장을 점령할 것이라는 공포에 사로잡혀 있을 때, 머스크는 모니터 속에서 소리 없이 흐르는 비트의 위력에 집중했다. 물리적 몸체를 생산하는 공정은 막대한 자본과 시간이 소요되지만, 소프트웨어는 클릭 한 번으로 수백만 번 복제되어 전 세계 사무실에 즉시 스며들 수 있기 때문이다.

그는 지적 노동의 무한 복제성을 문명의 생산성을 폭발시킬 유일한 레버리지로 보고 있다. 이 강력한 도구는 역설적으로 고학력 지식인들의 안락한 일자리를 가장 먼저 재편하는 동력이 될 가능성이 크다.

이 현상을 바라보는 그의 관점은 지극히 냉혹하다. 법률 검토나 데이터 분석, 회계 관리 같은 업무는 본질적으로 정교한 패턴 인식의 조합일 뿐이라는 것이다.

지능이 인간의 뇌라는 느리고 한정된 하드웨어에 갇혀 있을 때는 전문직 면허가 권위를 지켜주었으나, 그 지능이 무한 확장 가능한 클라우드로 변모하는 순간 지식에 붙은

비싼 가격표는 흔들리게 된다. 기술이 지적 우월감을 대중의 손에 쥐여주는 순간, 전문직이라는 방어막은 점차 그 유효성을 상실해갈 것으로 보인다.

머스크는 사무직을 지성의 정점으로 떠받들지 않는다. 오히려 지식 서비스가 소수의 전유물로 남아 있는 한, 문명은 고비용 저효율의 구조에서 결코 벗어날 수 없다고 판단한다.

그는 사무 업무의 본질을 디지털 지능의 대량 보급 문제로 치환했다. 전문가 한 명의 직관에 의존하는 대신, 수억 개의 데이터를 단 몇 초 만에 처리하는 알고리즘을 전 세계에 배포하는 시스템을 구축하려는 것이다.

직업 시장을 지탱하던 신뢰의 기준 역시 뿌리째 흔들리고 있다. 우리는 오랫동안 명문대 학벌과 화려한 경력을 실력의 징표로 믿어왔으나, 소프트웨어 지능이 일상의 인프라가 되면서 신뢰의 축은 연산의 정밀도로 이동하고 있다.

이제는 개인의 지능보다 그가 사용하는 시스템이 얼마나 낮은 오류율을 기록하는지를 보여주는 로그 데이터가 앞선다. 지적 능력에 수율 지표가 붙기 시작하면, 사람들은 인간 상사의 경험적 판단보다 시스템이 산출한 최적화된 경로를 더 신뢰하게 될지도 모른다.

과거 중장비가 육체노동 현장에 투입되어 인간의 근력을 무용하게 만들었듯, 이제는 정교한 알고리즘이 지식 노동의 핵심부를 파고들고 있다. 수많은 인력이 매달려야 했던 업무들은 이미 지능형 에이전트의 영역으로 이전되는 중이다.

사무직 노동의 구조는 이제 개인의 숙련도가 아니라 소프트웨어의 복제 속도와 업데이트 주기에 따라 새롭게 재정의되고 있다. 지식의 생산 주체였던 인간은 시스템이 내놓은 결과물을 단순 검증하는 관리자로 밀려날 가능성에 직면해 있다.

전문 지식이 디지털 도구로 보편화되면서 화이트칼라가 누리던 지적 희소성은 점차 옅어지는 추세다. 지적 권위가 인간의 머리에서 실리콘 회로로 옮겨가는 과정에서, 우리가 지켜온 전문직의 자부심은 기술적 연산의 효율성 앞에 그 근거를 재시험받게 될 것이다.

인공지능 튜터가 학교라는 물리적 권위를 해체할 것이다

현재의 공장식 교육 시스템은 산업 시대의 유물일 뿐이다. 수십 명이 한 교실에 앉아 같은 진도를 나가는 방식은 지능의 낭비다. 미래에는 AI 튜터가 개인의 뇌 발달 속도와 관심사에 맞춰 최적의 지식을 전송하며, 학교라는 물리적 공간의 권위는 완전히 해체될 것이다. *(2023년 11월, 뉴욕 타임스 딜북 서밋)*

현재, 머스크의 예측대로 되고 있나?

교실 안의 실질적인 풍경은 과거와 달라지고 있다. 칠판 앞 교사의 설명보다 학생 개개인의 태블릿에서 흘러나오는 AI 튜터의 맞춤형 조언이 더 큰 비중을 차지한다. 수백 년간 이어진 공장식 학년제는 이제 개인의 지능에 최적화된 기술 서비스 앞에 빠르게 해체되는 중이다.

인격 형성과 사회화의 성소로 추앙받는 학교의 권위는 머스크의 공학적 사고 틀 안에서 재편의 대상이 된다. 그는 학습 과정에 잠복한 병목 현상을 문제의 핵심으로 지목하며, 뛰어난 아이와 뒤처지는 아이를 한 교실에 가두고 평균적인 속도로 지식을 주입하는 방식을 시스템적 결함으로 규정한다.

공장식 교육은 문명의 지적 도약을 늦추는 낡은 하드웨어와 같으며, 이 거대한 버그를 피하기 위해서는 개인의 인지 속도에 맞춘 지능 전송 시스템으로의 전환이 불가피하다고 그는 보고 있다. 이러한 관점은 지식 습득의 효율성을 극대화하려는 단호한 의지에서 비롯된다.

지식은 이제 도처에 널린 데이터이며, 이를 전달하는 수단은 인간의 뇌 패턴을 분석한 알고리즘이 될 수 있다. 교육 과정을 단축하는 지능의 압축이 실현되는 순간, 거대한 학교 시설은 거추장스러운 유물로 전락할 가능성이 존재한다.

기술이 배움의 속도를 인간의 신체적 한계로부터 해방시

킨다면 우리가 성역처럼 모셔온 학벌의 유효기간도 사실상 종료될 위기에 처한다. 교육을 단순한 자격 취득의 수단으로 보는 기존 관념 또한 머스크의 비판 대상에서 벗어나지 못한다.

그것이 권위 있는 종이 한 장을 따내는 게임으로 전락한 이상, 인류는 실질적인 문제 해결 능력을 거세당할 뿐이라고 그는 판단한다. 머스크가 지향하는 교육은 지능의 최적화 그 자체이며, 명문대 졸업장을 예우하기보다 난제를 해결하는 데이터 처리 능력을 실시간으로 검증하는 시스템을 구축하려는 의도를 비친다.

그가 예고한 인공지능 튜터 시대는 배움의 낭만이 아닌 지능 생산 효율의 극대화에 초점이 맞춰져 있다. 학습을 지탱하던 신뢰의 기준 역시 전면적인 재편을 피할 수 없는 국면에 들어섰다.

오랫동안 우리는 교사의 권위와 학교의 브랜드 가치에 기대를 걸어왔으나, 지능형 튜터가 학습의 주도권을 쥐게 되면 신뢰의 축은 실무적 로그 데이터로 이동할 것으로 보인다. 어느 학교를 나왔느냐는 이력보다 학습자가 어떤 경로를 거쳐 지식을 습득했는지를 보여주는 데이터가 더 앞서게 되는 셈이다.

교육에도 데이터 기반의 수율 지표가 붙기 시작하면서, 사람들은 학교의 이름값보다 시스템이 보증하는 학습 성취도를 더 신뢰하게 될 가능성이 크다. 수백 년간 견고했던 획일적 학년제는 인공지능 튜터라는 기술적 압력 앞에 무너지는 중이다. 도서관 서가를 뒤지던 수고가 검색 엔진으로 대체되었듯 지식의 습득은 교실이라는 물리적 공간의 제약을 벗어나기 시작했다.

이제 공부는 집단적 행위가 아니라 각자의 두뇌에 최적화된 데이터를 주입받는 정밀한 과정으로 변모해가고 있다. 학교라는 울타리가 느슨해진 자리를 기술 서비스가 빠르게 잠식해 들어오는 중이다.

지식 습득이 개인화된 전송 서비스로 변모하는 시대에 학교는 지능의 유일한 산실이 아닌, 과거의 유산을 보관하는 장소로 밀려날 수 있다. 인류는 이제 전통적인 배움의 형식을 넘어 기술 시스템이 제안하는 새로운 지적 설계도를 받아들여야 하는 시점에 서 있다.

기술이 만든 풍요는 화폐 가치의 하락을 흡수할 것이다

"

기술 혁명이 가져올 극단적인 비용 절감은 화폐 가치 하락을 상쇄하고도 남는다. 생산성이 폭발하면 인플레이션의 정의 자체가 바뀐다. 물건값이 떨어지는 속도가 돈의 가치가 떨어지는 속도보다 빨라질 것이다. (2021년 9월, 코드 컨퍼런스)

"

현재, 머스크의 예측대로 되고 있나?

정부가 지출을 줄이고 로봇이 생산 원가를 낮추면서 물건 가격을 결정하는 방식이 바뀌고 있다. 이제 시장 물가는 중앙은행의 정책보다 기술을 통한 비용 절감 속도에 더 큰 영향을 받는다. 물건이 귀해서 가치가 생기던 시대는 가고, 무한한 공급과 효율적인 시스템이 경제의 중심이 되고 있다.

치솟는 물가와 화폐 가치 하락에 대중이 공포를 느낄 때, 머스크는 기술이 가져올 '한계 비용의 파괴'에 모든 가능성을 건다. 인류 경제는 수만 년간 부족함을 전제로 가격을 매겨왔으나, 공학자의 안목으로 본 자동화는 생산 과정에서 인간의 비용을 도려내 물건값을 낮추는 강력한 청소기이기 때문이다.

그에게 고물가는 문명의 과도기에 나타나는 일시적인 시스템적 오류일 수 있다. 이 버그를 피할 유일한 해법은 압도적인 생산력을 쏟아내는 기술적 과잉뿐이라고 그는 보고 있다.

중앙은행의 금리 정책보다 로봇의 가동률이 물가에 더 큰 영향을 미치는 시대가 다가오고 있다. 자율주행과 제조 공정에서 노동 비용이 제로를 향해 수렴한다면, 화폐 유통량과 상관없이 물가는 물리적으로 오르기 어려울 것이라는 게 그의 파격적인 논리다.

기술이 공급의 한계를 허무는 순간 인류가 수백 년간 투쟁해온 '물가 안정'이라는 경제학적 정의는 그 의미를 재설계해야 할 상황에 놓인다. 인플레이션을 단순한 통화량의 문제로만 해석하는 기존의 시각은 머스크의 비판 대상이다.

그런 관점에 머물러 있는 한 인류는 금융가들의 숫자 놀음에 휘둘릴 수밖에 없다고 그는 판단한다. 머스크는 경제의 본질을 자원과 지능의 직결 문제로 재정의하며, 금리 인상 같은 간접 처방 대신 생산 라인을 무한 증설해 재화의 가격을 낮추는 시스템을 지향한다.

그가 말하는 기술적 풍요는 화폐 경제의 승리가 아니라, 압도적인 제조 효율이 거둔 결과로 이어질 가능성이 크다. 시장 경제를 지탱하던 신뢰의 축 역시 생산 수율이라는 데이터로 이동할 조짐을 보이고 있다.

오랫동안 우리는 화폐의 구매력에 생존을 기탁해왔으나, 기술적 과잉이 인프라로 안착하면 시스템이 얼마나 저렴하고 빠르게 재화를 공급할 수 있는지가 훨씬 중요한 지표가 된다. 가치 측정의 기준에 데이터 기반의 제조 수치가 붙기 시작하면 사람들은 금리 발표보다 공장의 자동화율 로그를 더 신뢰하게 될지도 모른다.

경제의 엔진은 화폐라는 숫자 놀음에서 물건을 만들어내

는 물리적 힘으로 자리를 옮겨가고 있다. 돈의 가치가 하락하는 속도보다 기술이 제품을 찍어내는 속도가 압도적으로 빨라질 수 있기 때문이다.

인공일반지능의 확산으로 노동 비용이 낮아지면서 자원의 희소성을 전제로 세워졌던 고전 경제학의 공식들은 새로운 국면을 맞이하고 있다. 생필품이 공기처럼 흔해진 세상에서 재화의 소유는 더 이상 부의 절대적인 상징이 되지 못할 수 있다.

경제적 생존을 위한 처절한 경쟁이 기계의 효율성 안으로 흡수되는 과정은 우리에게 기묘한 공백을 남긴다. 부족함을 채우기 위한 오랜 투쟁은 끝날 수 있지만, 동시에 결핍이라는 강력한 삶의 동기마저 희미해질 수 있다는 실전적인 과제를 던진다.

지갑 속 돈이 아니라 머릿속 업데이트 속도가 계급이 된다

“

화폐가 사라진 풍요의 시대에 인간의 가치는 ‘무엇을 가졌는가’가 아니라 ‘문명 지능망에 어떤 혁신적 아이디어를 제공했는가’로 측정될 것이다. 기여도가 낮은 인간은 물질적 풍요 속에서도 사회적 존재감을 상실하게 된다.

(2024년 10월, 올인 서밋 강연)

”

현재, 머스크의 예측대로 되고 있나?

은행 통장이 사라지지는 않았지만, 부의 기준은 확실히 바뀌고 있다. 현금이나 부동산보다 인공지능 시스템을 설계하고 통제할 수 있는 능력이 더 강력한 자산으로 평가받는 분위기다. 로봇이 인간의 노동을 대체하면서 이제 부의 축적은 육체적 근면함이 아닌 시스템을 지배하는 지능의 영역이 되었다.

자본주의의 불평등을 비난하며 돈이 없는 세상을 꿈꾸는 이들이 늘고 있지만, 머스크는 오히려 돈이 사라진 뒤에 들어설 새로운 질서를 응시한다. 로봇이 모든 재화를 생산해 가격이 제로에 수렴하는 세상에서 화폐는 자원 배분이라는 본연의 기능을 상실하게 된다.

머스크는 이 풍요의 시대를 단순한 시스템적 공평함으로 해석하지 않는다. 대신 인간을 지능의 대역폭에 따라 줄 세우는 '지능 능력주의'의 전장으로 규정하고, 공학적인 수단을 동원해 이 서열화를 가속화할 가능성을 시사한다.

노동이 증발한 세계에서 인간이 증명해야 할 유일한 가치는 새로운 생각을 지능망에 공급하는 것뿐이다. 지능이 뛰어난 소수가 시스템의 의사결정권을 쥐고 기술의 혜택을 선점하는 사이, 그렇지 못한 다수는 무상 배급을 받으며 사회적 중심부에서 밀려날 수 있다는 우려가 나온다.

기술이 개인의 신분을 결정하는 순간 인류가 투쟁해온 경제적 평등의 개념은 새로운 국면을 맞는다. 머스크가 지능 기여도를 권력의 척도로 삼겠다고 예고한 지점은 냉혹한 효율 지상주의가 인간의 가치를 어떻게 재정의하는지를 보여준다. 그는 보편적 복지를 자비나 도덕의 관점에서만 바라보지 않는다. 그것이 단순한 시혜로 남는다면 문명이 정체될 것이라 믿기 때문이다. 대신 생존은 보장하되 사회적 예우는 지능 수준에 따라 차등화하는 시스템을 구상한다.

자산의 세습보다는 개인이 제안한 알고리즘의 우아함에 따라 거주 구역과 서비스 접근권을 배정하는 식이다. 그가 설계하는 지능 계급은 자본주의의 종말이라기보다 원초적인 생물학적 계급사회의 복원에 더 가깝다.

사회를 지탱하는 신뢰의 기준 역시 격변을 맞이하고 있다. 오랫동안 우리는 집안 배경이나 재산의 크기를 신뢰의 척도로 삼아왔으나, 인공지능이 통치의 영역으로 들어오면 연산 기여도가 그 자리를 대체할 것으로 보인다.

개인의 아이디어가 전체 지능망의 효율을 얼마나 높였는지를 보여주는 실시간 스코어가 부유함의 증명보다 앞서는 시대다. 존재의 가치를 데이터 기반의 서열표가 증명하기 시작하면, 금괴의 물리적 보존보다 뇌 속에 이식된 칩의 연산 효율이 생존을 담보하는 실질적인 지표로 기능한다.

권력의 무게중심은 이미 영토나 자본에서 데이터를 설계하고 다루는 지능으로 옮겨가는 추세다. 영주의 시대가 가고 자본가의 시대가 왔듯, 이제는 지능을 창조하고 해석하는 엘리트들이 문명의 주도권을 쥐는 시대가 열리고 있다.

기술 생태계에 기여하는 지적 역량이 신분과 부를 결정하는 핵심 변수로 떠오르면서, 단순히 자산을 쌓아두기만 하던 과거의 방식은 영향력을 잃고 있다. 자본주의 이후의 삶은 통장 잔고가 아니라 기술의 진화 속도를 따라잡는 개개인의 업데이트 능력에 좌우될 가능성이 크다.

노동이 사라진 시대에 인간은 정체성을 잃고 방황할 것이다

"

일이 필요하지 않은 세상에서 인간은 존재의 의미를 상실할 수 있다. 소득보다 의미의 결핍을 어떻게 해결할지가 가장 큰 과제다. 노동의 종말은 곧 정체성의 위기로 이어질 것이다.

(2023년 11월, 리시 수낙 대담)

"

현재, 머스크의 예측대로 되고 있나?

기계가 인간보다 더 정교하고 빠르게 물건을 만들어내는 시대다. 과거에는 직업이 개인의 가치를 증명했으나 이제 인간의 노동은 효율성 면에서 기계에 밀려나고 있다. 기술이 생산을 주도할수록 인간이 직접 무언가를 만들며 느끼던 보람과 존재의 명분은 점차 희미해지는 중이다.

아침에 일어날 이유가 없는 세상을 많은 이들은 낙원이라 부르며 동경하지만, 머스크가 응시하는 지점은 그 너머의 정신적 허무다. 모든 물리적·지적 노동이 로봇에게 외주화되는 순간, 인류는 자신의 쓸모를 증명할 길을 잃어버린 시스템적 진공 상태에 놓이게 된다.

그는 이 무위도식의 상태를 육체적 굶주림보다 치명적인 문명적 질병으로 간주한다. 우주 개척이라는 압도적인 동기를 부여함으로써 인류의 내면에 도사린 거대한 결핍을 채우려는 시도는 일종의 공학적 처방이다.

'어떻게 먹고살 것인가'라는 원초적 고민이 해결되는 찰나, '나는 왜 존재하는가'라는 형이상학적 물음이 쏟아져 나온다. 로봇이 차려준 밥을 먹으며 남겨진 무한한 시간을 단순한 유희로만 소진하는 삶은 종의 퇴행을 의미할 뿐이다.

머스크는 인류에게 주어질 여가를 안락한 휴식으로만 보지 않는다. 목적 없는 휴식은 지독한 권태를 낳고, 결국 인류가 스스로를 파괴하는 데이터 노이즈로 전락할 것이라는 게 그의 시각이다.

결핍이 사라진 문명에서 지적 긴장감을 유지하기 위해 그는 '위험의 의도적 배치'라는 카드를 꺼내 든다. 안락한 지구를 떠나 사선이 교차하는 화성 개척지로 떠나는 행위는 생존 본능을 다시 일깨워 지능의 동면을 막으려는 고도의 전략이다.

사지(死地)에서만 발현되는 인간의 초월적 의지를 문명 유지의 핵심 엔진으로 재활용하려는 셈이다. 그는 존재의 의미를 순수한 호기심과 탐구의 영역으로 강제 이동시키려 한다.

지상의 안락함에 안주하는 대신, 기계가 가질 수 없는 인간만의 의지로 별을 향해 나아가거나 철학적 난제에 도전하는 시스템을 지향하는 이유다. 화성행은 단순한 영토 확장을 넘어, 목적을 상실한 인류가 스스로에게 부여하는 가장 거대한 실존적 과업으로 읽힌다.

사회를 지탱하던 신뢰와 관계의 기준 역시 전례 없는 변화의 물결을 타고 있다. 직업이나 사회적 기여도에 기댔던 타인에 대한 평가 방식은 이제 사유의 깊이라는 새로운 척도로 옮겨간다.

이제는 ‘무엇을 하는가’보다 풍요로운 정적 속에서 ‘어떤 질문을 던지는가’가 그 사람을 정의한다. 인간성 자체에 창의성 지표가 붙기 시작하면, 사회적 지위보다 고유한 통찰과 질문이 가진 무게가 관계의 실질적인 축으로 기능하게 된다.

가치 창출의 주도권을 잃은 사람들이 도파민의 노예가 되어 가상 현실에 탐닉할 때, 시스템의 상층부는 더 높은 차원의 진리를 탐구하는 ‘사유의 엘리트’들로 재편된다.

우리는 등 떠밀려 수행하던 일에서 해방된 대가로, 진정한 내가 누구인지 스스로 답해야 하는 낯선 시험대에 올랐다. 시스템이 제공하는 배급에 안주하며 소멸할 것인지, 아니면 시간을 도구 삼아 고유한 가치를 빚어낼 것인지 선택해야 하는 기로에 서게 될 것이다.

자율주행차는 이동 수단을 넘어 스스로 돈 버는 로봇이 된다

"

자율주행이 완성되면 당신의 자동차는 자산이 아니라 수익을 창출하는 로봇이 될 것이다. 자동차를 구매하는 것은 소형 비즈니스에 투자하는 것과 같다. 소유와 공유의 개념은 완전히 재정립된다.

(2023년 7월, WAIC 연설)

"

현재, 머스크의 예측대로 되고 있나?

주차장에는 여전히 차들이 가득하지만 자동차를 소유하는 목적은 이미 달라졌다. 단순한 이동 수단을 넘어 주인이 잠든 사이 스스로 수익을 창출하는 자산으로서의 가치가 더 주목받기 시작했다. 이동의 낭만을 즐기던 문화는 이제 기기를 활용해 이익을 얻으려는 자산 운용의 논리에 밀려나고 있다.

운전의 노동에서 해방될 날을 기대하며 자율주행에 설레어 하는 대중과 달리, 머스크는 자동차라는 자산이 처한 지독한 유휴 시간을 응시한다. 인류는 거액을 들여 산 정밀 기계를 하루의 90% 이상 차가운 아스팔트 위에 방치하며 막대한 기회비용을 허공에 날려왔다.

공학자의 시선에서 멈춰 있는 자동차는 문명의 효율을 갉아먹는 치명적인 시스템적 낭비에 불과하다. 그는 이 정지된 쇳덩이를 스스로 수익을 창출하는 로보택시 알고리즘에 접속시켜, 도시의 모든 유휴 자원을 실시간 생산 수단으로 전환하려는 구상을 구체화하는 중이다.

인간이 운전대를 놓는 순간 자동차는 소유주의 도구를 넘어 독립적인 경제 주체로 거듭날 수 있다. 주인이 업무를 보는 동안 자동차가 스스로 도심을 활주하며 가치를 생산하는 풍요로운 풍경은 점차 현실의 영역으로 진입하고 있다.

기술이 자동차를 생산 수단으로 탈바꿈시키면서, 인류가 고수해온 개인용 승용차라는 소모적 지위는 새로운 개념으로 대체될 국면에 처했다. 자산의 본질을 근본적으로 재정립해야 한다는 그의 확신은 이러한 시스템적 비효율의 제거에서 출발한다.

자동차를 단순한 이동 수단으로만 규정하는 기존의 관념은 머스크에게 철 지난 부채와 같다. 이동에만 국한되는 한 자동차는 감가상각에 시달리는 소모품일 뿐이라고 판단하기 때문이다.

그는 자동차의 본질을 24시간 가동되는 수익 로봇으로 재정의한다. 하차 후의 정지 상태를 당연하게 여기는 대신, 끊임없이 네트워크와 통신하며 다음 수요를 예측하고 스스로 움직이는 시스템을 지향한다. 그가 예고한 사이버캡 시대는 모빌리티의 진화를 넘어 개인의 자산 구조를 뿌리째 바꾸는 전면적인 경제 개편의 성격을 띤다.

이동 서비스에 투영된 신뢰의 기준 역시 격변을 피하기 어렵다. 우리는 오랫동안 브랜드의 이름값과 운전자의 숙련도에 의지해왔으나, 로보택시 경제가 안착하면 얼마나 쉬지 않고 굴러가며 수익을 뽑아내는지가 신뢰의 핵심으로 부상할 가능성이 크다.

이제는 차의 외관이 주는 만족감보다 이 장치가 지난 한

달간 쉼 없이 기록해온 운행 기록과 통장에 찍힌 결과값이 앞서게 된다. 자산의 가치가 실제 뽑아내는 수익률로 적나라하게 증명되기 시작하면, 화려한 디자인의 권위는 실리콘 알고리즘이 보증하는 현금 흐름 뒤로 힘없이 밀려날 것으로 보인다.

자동차는 이제 개인의 소유물을 넘어 스스로 가치를 생산하는 움직이는 자본으로 진화하고 있다. 건물에서 임대료가 발생하듯 자동차가 도로 위에서 경제적 이익을 직접 벌어오기 시작하면서, 소유의 목적은 단순한 이용에서 운용으로 무게중심을 옮기는 중이다.

운전의 수고가 사라진 빈자리는 기계가 스스로 자신의 몸값을 증명하는 합리적인 알고리즘이 채우고 있다. 우리가 차라고 불렀던 물건은 이제 도로 위를 구르는 수익형 부동산이자, 24시간 쉬지 않는 실리콘 노동자로 그 정체성을 완전히 변모해가는 중이다.

기본소득은 복지가 아니라 시장을 유지하는 운영비가 된다

"

AI가 모든 노동을 대신하는 시대에 기본소득은 피할 수 없는 선택이다. 이는 시장 시스템을 유지하기 위한 가격 보정 장치다. 단순히 굶지 않게 하려는 선의가 아니라, 경제의 순환 고리를 끊지 않기 위한 공학적 필연이다.

(2023년 11월, 영국 AI 정상회의)

"

현재, 머스크의 예측대로 되고 있나?

로봇과 인공지능이 생산의 중심이 되면서 기존의 경제 체계가 흔들리고 있다. 일부 국가에서는 일자리를 잃은 사람들의 소비력을 유지하기 위해 로봇세를 포함한 다양한 현금 지원 방안을 검토하기 시작했다. 노동을 통해 돈을 벌고 물건을 산다는 오랜 공식은 점차 설 자리를 잃고 있다.

기본소득을 인류애 넘치는 복지 정책으로 반기는 대중의 시선 너머에서, 머스크는 자본주의라는 거대한 엔진이 멈춰 서는 파국을 예방하려 한다. 로봇이 물건을 산더미처럼 쌓아 올린다 해도 이를 구매할 인간의 소득이 증발한다면, 시장은 가동을 멈춘 거대한 고철 덩어리에 불과한 탓이다.

공학자의 안목으로 본 소비의 실종은 문명을 붕괴시키는 치명적인 시스템 결함이다. 그는 기계가 창출한 부를 인간에게 강제로 흘려보내는 일종의 '가격 보정 장치'를 도입해, 문명 전체를 위협하는 거대한 장애물을 제거하려는 공학적 접근을 취하고 있다.

자본주의라는 게임은 패자가 판돈을 모두 잃고 자리를 뜨는 순간 그 즉시 종료된다. 게임을 지속시키기 위해서는 승자가 패자에게 판돈의 일부를 떼어주어 그들이 테이블에 계속 머물게 할 수밖에 없다.

기술이 생산 단가를 파괴하는 수준까지 발전함에 따라 인류가 지탱해온 노동의 신성함은 경제적 가치를 상실하고 희미해질 국면에 처했다. 머스크가 기본소득을 시혜가 아닌 시장 유지 비용으로 정의하는 지점은 이러한 냉정한 게임의 법칙을 여실히 드러낸다.

배급을 자비나 도덕의 관점으로 접근하는 방식은 머스크의 사고 체계에서 비중이 작다. 분배가 감정적인 영역에 머무는 한 경제 시스템은 언제나 불확실성에 노출될 수밖에 없다는 게 그의 시각이다.

그는 분배의 본질을 시스템의 항상성 유지 문제로 간주한다. 가난한 자를 돕는다는 명분 대신, 시장의 회전 속도를 늦추지 않기 위해 지능 자산의 수익을 전 국민에게 실시간으로 배당하는 인프라를 구축하려는 이유다. 그가 언급하는 '보편적 고소득'은 인권의 승리가 아니라, 자본주의 엔진의 수명을 늘리기 위한 고육지책의 성격이 짙다.

경제 시스템을 지탱하던 신뢰의 축 역시 전면적인 재편을 피하기 어렵다. 우리는 오랫동안 고용률이나 임금 상승률 같은 지표에 의지해왔으나, 배급 경제가 일상의 인프라로 자리 잡으면 시스템의 환수 능력이 신뢰의 핵심으로 부상하게 된다.

이제는 복지 정책의 화려한 수사보다 로봇과 인공지능이

창출한 부를 누수 없이 회수해 시민의 구매력으로 재투입하고 있는지를 보여주는 실시간 로그 데이터가 앞서게 된다. 조세 체계의 정당성이 숫자 놀음을 벗어나 기계의 생산 수율과 직결되기 시작하면, 사람들은 정치인의 공약보다 지능 기업에 매겨지는 연산세의 집행 수치를 더 신뢰하게 될 것이다.

경제의 동력은 이제 개인의 노동에서 시스템의 배분으로 그 무게중심이 옮겨가는 중이다. 로봇이 창출한 부를 기술 배당으로 나누는 구조가 논의되면서, 스스로 벌어 생존하던 과거의 공식은 거대한 사회적 안전망으로 대체될 국면을 맞이하고 있다.

로봇세 도입을 둘러싼 제도적 격변들은 이러한 흐름이 이미 실질적 체제로 이행되고 있음을 시사한다. 결핍이 사라진 풍요의 시대는 역설적으로 인간만의 고유한 가치를 찾아야 하는 새로운 감각을 요구한다.

"가장 사적인 공간인 집마저 기술의 전방위적인 침공을 허용하게 될 것이다. 요람에서 무덤까지, 기계는 단순한 도구를 넘어 가족의 빈자리를 채우고 우리의 신체를 보강하는 반려가 된다. 전통적인 혈연의 굴레는 느슨해지고, 로봇과 알고리즘이 우리 일상의 가장 깊숙한 감정까지 케어하는 시대가 열린다. 수명은 천 년을 향해 뻗어 나가고 신체는 기계 부품처럼 교체되지만, 역설적으로 '인간다운 삶'에 대한 갈증은 더욱 깊어질 것이다."

2장

내 일상에 기계가 '가족'처럼 들어올 것이다

인간은 엄마 자궁이 아닌 인공 자궁에서 태어날 것이다

"

생물학적 임신은 위험하고 비효율적인 방식이다. 미래의 아이들은 외부의 인공 자궁에서 최적의 환경과 유전자 조합을 통해 태어날 것이며, 인류는 더 이상 번식을 위해 본능에 의존해 짝을 짓지 않게 될 것이다. (2024년 12월, 뉴럴링크 기술 컨퍼런스)

"

현재, 머스크의 예측대로 되고 있나?

유전자 검사가 보편화되면서 부모가 아이의 건강 상태를 데이터로 미리 확인하고 선택하는 일이 늘고 있다. 임신과 출산 과정은 운에 맡기던 영역에서 점차 기술로 통제하는 정교한 계획으로 변하는 흐름이다. 이제 생명의 탄생은 정성 어린 보살핌보다 기계 장치를 통한 완벽한 조절의 대상이 되고 있다.

인류의 가장 근원적인 행위인 임신과 출산이 공학적 공정의 영역으로 진입하고 있다. 인공 자궁 안에서 자라나는 태아의 개념을 보며 대중은 기술적 상상을 펼치지만, 머스크의 시선은 생물학적 신체가 숙명적으로 안고 있는 리스크에 고정되어 있다.

그는 9개월간 이어지는 신체적 부담과 유전적 복권에 의존하는 불확실성을 문명의 안전한 확장을 가로막는 시스템 비효율로 규정한다. 이러한 생물학적 번식 과정을 공학적 개입을 통해 해결해야 할 결함으로 바라보는 관점은 종의 보존을 위한 최적화 전략과 맞닿아 있다.

본능에 의존한 번식을 넘어 정밀한 관리 체계로 전환해야 한다는 그의 주장은 지극히 도구적이다. 생물학적 임신이 특정 성별에게 모든 물리적 부담을 전가하며 통제 불가능한 우연에 좌우된다는 점은 시스템 설계자에게는 제거해야 할 변수일 뿐인 탓이다.

반면 제어된 환경을 제공하는 인공 자궁은 기술적 확장

성을 갖는다. 출산이 인내의 산물에서 최적화된 결과물로 변모하는 순간, 어머니의 희생이라는 전통적 서사는 해체되고 탄생의 주도권은 데이터와 하드웨어의 영역으로 이행된다.

머스크는 생명의 시작을 더 이상 신비의 베일 속에 가둬두려 하지 않는다. 탄생이 신비로 남아 있는 한 문명의 인적 자원 수급은 언제나 불확실성에 노출될 수밖에 없다는 게 그의 시각이다. 그는 출산의 본질을 재현 가능한 제조 공정으로 간주한다. 대자연의 우연 대신 결함이 걸러진 아이를 안정적으로 얻을 수 있는 시스템을 구축하려는 이유다. 그가 예고한 엑토라이프(EctoLife) 시대는 단순히 기술의 진보를 넘어 종의 생산 방식 자체를 근본적으로 재편한다.

신뢰를 측정하는 기준 역시 혈연의 유대를 넘어 정보의 투명성으로 이동할 가능성이 짙다. 오랫동안 인류는 모성 본능이라는 정서적 가치에 기대를 걸어왔으나, 인공 자궁이 출산의 주체가 되면 배양 과정의 정밀함이 신뢰의 핵심 지표가 된다.

이제는 아이를 '누가' 낳았는가보다 배양 과정에서 투입된 영양소와 유전자 교정의 정확도를 증명하는 실시간 로

그가 우선시된다. 탄생의 순간이 수치로 증명되기 시작하면, 사람들은 주관적인 신체 감각보다 시스템이 보증하는 육성 수율을 더 실질적인 근거로 받아들이게 된다.

생명의 탄생 방식은 자연의 섭리라는 서사에서 벗어나 실시간 모니터링이라는 기술적 선택지로 편입되는 중이다. 태아의 발달 과정을 데이터로 확인하고 제어하는 기술이 예고되면서, 출산은 신체와 결합된 고유한 체험에서 분리 가능한 기술 서비스의 성격을 띠게 되었다.

이러한 변화는 편리함을 넘어 가족이라는 공동체의 근간을 흔드는 질문을 남긴다. 출산이 신체에서 분리된 자리에는 기계가 길러낸 생명과 어떤 유대감을 쌓아야 할지에 대한 곤혹스러운 성찰이 뒤따른다. 인류는 이제 기술이 빚어낸 생명과 마주하며 부모라는 이름의 정의를 새롭게 내려야 할 시점에 서 있다.

혈연 중심의 전통적 가족 개념은 완전히 해체될 것이다

“

인공지능과 로봇이 가사 노동과 경제적 부양을 책임지는 시대에, 가족의 본질은 혈연이 아닌 '지적·정서적 유대'로 옮겨갈 것이다. 인류는 더 이상 생물학적 우연에 갇히지 않고, 자신의 가치관을 공유하는 존재들과 새로운 형태의 공동체를 구성하게 된다. (2025년 6월, 렉스 프리드먼 팟캐스트)

”

현재, 머스크의 예측대로 되고 있나?

전통적인 가족 형태는 남아 있으나 그 안에서 공유하던 역할과 책임은 빠르게 해체되고 있다. 가사와 돌봄을 로봇과 인공지능이 대신하면서 가족 구성원 간의 실질적인 상호 의존도는 낮아지는 중이다. 가족을 하나로 묶어주던 일상적인 결속력은 기술의 편리함 속에 흩어지고 개인의 고립된 자유만이 남게 되었다.

일인 가구의 급증을 사회적 병리 현상으로 보는 시각과 달리, 머스크는 이를 관계의 비효율을 걷어내는 문명적 공정으로 바라본다. 인류는 수만 년간 생존을 위해 원치 않는 혈연과 섞여 살며 막대한 감정적 에너지를 소모해 왔기 때문이다.

공학자의 안목에서 전통적 가족은 지적 도약을 방해하는 무겁고 비효율적인 유산일 뿐이다. 그는 기술적 최적화를 통해 이 낡은 시스템을 해체하고, 개인의 삶을 지능적으로 재구성하려는 방향성을 제시한다.

생존을 위한 필수 요새였던 가족은 점차 그 유효성을 상실하고 있다. 로봇이 가사 노동을 전담하고 시스템이 복지를 보장하는 환경에서, 생물학적 우연은 더 이상 합리적인 결속 근거가 되지 못하는 탓이다.

지능이 신체의 경계를 넘어 가상과 현실을 오가게 되자 관계의 주권은 온전히 개인에게 돌아오고 있다. 인류가 성역화해온 '천륜'이라는 개념이 기준을 잃어가는 자리에 자율적 공동체라는 새로운 질서가 부상하는 추세다.

머스크의 설계 안에서 가족을 정서적 성소로만 떠받드는 관습은 개인의 잠재력을 희생시키는 장치로 분류된다. 가족이 신성불가침으로 남아 있는 한, 개인은 집단적 의무라는 굴레에 갇혀 자신의 성장을 유예할 수밖에 없다는 게 그의 시각이다.

그는 가족의 본질을 지적 성장을 위한 선택적 연합으로 간주한다. 운명적인 혈연의 만남을 인내하는 대신, 알고리즘이 추천하는 최적의 동반자들과 삶을 공유하는 시스템을 구축하려는 이유다.

여기서 말하는 가족의 해체는 관계의 파멸이 아니라 결합 방식의 고도화이자 진화로 읽힌다. 공동체를 지탱하는 신뢰의 기준 역시 혈통의 굴레에서 벗어나 가치관의 일치도로 이동하게 된다.

이제는 특정 관계가 혈연인가라는 사실보다 서로가 얼마나 높은 지적 공명을 가졌는지를 증명하는 실질적인 결과값이 앞서게 된다. 관계의 밀도가 데이터로 증명되기 시작하면서 사람들은 시스템이 검증한 타인과의 연결에서 더 큰 안정을 얻는다.

인류의 결속 방식은 이제 태생적 뿌리에서 개인의 의지로 무게중심을 옮겨가는 중이다. 같은 곳에서 태어난 인연보다 목적이 일치하는 이들에게 더 깊은 동질감을 느끼는 시대가 도래했다.

자율 공동체 모델이 기존 가족법의 틈새를 파고드는 배경은 생물학적 가족이라는 단위가 기술적 합리성에 맞춰 재편되는 현실을 반영한다. 구속력 강한 혈연의 자리를 유연한 유대가 대신하면서, 개인은 자신의 성장을 돕는 공동체를 직접 선택할 수 있다.

인프라의 핵심이 개인 맞춤형 지능으로 전환됨에 따라 기존 가부장적 질서는 그 지위를 재검토받고 있다. 우리는 이제 주어진 뿌리가 아닌, 직접 설계한 연결망 속에서 새로운 소속감을 정의하게 될 것이다.

가정용 로봇의 보급 속도는 스마트폰보다 훨씬 빠를 것이다

“

로봇 한 대의 가격이 중형차보다 저렴해지는 임계점에 도달하면, 모든 가정에 로봇이 한 대씩 보급되는 '1가구 1로봇' 시대가 순식간에 열릴 것이다. 이는 인류 역사상 가장 거대한 가사 노동의 완전한 해방을 의미한다. *(2022년 4월, TED 인터뷰)*

”

현재, 머스크의 예측대로 되고 있나?

로봇 청소기를 넘어 요리와 설거지를 돕는 가사 로봇이 집 안까지 들어오기 시작했다. 로봇의 활동 영역이 거실과 주방으로 넓어지면서 중산층 가정도 기술의 편리함을 빠르게 받아들이고 있다. 개인적인 휴식 공간이었던 집은 이제 로봇이 효율적으로 움직이고 관리하는 작업장으로 성격이 변하는 중이다.

가사 노동이라는 굴레에서 해방될 날을 고대하며 대중이 환호할 때, 머스크의 머릿속에는 휴머노이드 로봇이 가져올 폭발적인 확산 수치가 그려진다. 스마트폰이 정보의 장벽을 허물었듯, 저가형 휴머노이드는 물리적 노동의 담장을 무너뜨릴 가장 강력한 도구가 될 수 있는 탓이다.

공학자의 안목으로 본 인간의 가사 활동은 에너지를 소모하면서도 실질적인 부가가치를 창출하지 못하는 시스템적 낭비에 불과하다. 그는 반복적인 일상을 옵티머스 군단으로 대체해 문명의 하드웨어를 근본적으로 교체하려는 구상을 하고 있다.

로봇 가격이 가전제품 수준으로 급락하면 인류는 사생활을 기계에 전면 개방하는 선택을 하게 된다. 요리와 청소 같은 잡무를 기계에 넘기고 얻어낼 자유는 달콤하겠지만, 그 이면에 숨겨진 삶의 양식 변화는 결코 가볍지 않을 것이다.

기술이 인간의 손발을 대신하는 순간, 살림과 보살핌이라는 단어에 담긴 정서적 가치는 변화의 국면을 맞이한다.

가정용 로봇의 급격한 확산은 인간의 편의주의와 기술의 효율이 결합했을 때 발생하는 거대한 관성이 만들어낸 결과다.

머스크는 가정을 단순한 안식처로만 취급하지 않는다. 가사 업무에 묶여 있는 한 인류의 지능적 진화가 정체될 수밖에 없다는 게 그의 시각이다. 그는 가정을 로봇이 상주하며 관리하는 지능형 서비스 센터로 치환한다.

손수 차린 밥상의 정성을 예우하는 관습 대신, 영양 균형과 수율을 정밀하게 맞춘 식단을 제공하는 시스템을 지향하는 이유다. 이러한 변화는 가전제품의 진화를 넘어 인간이 가진 생활 주권의 전면적인 외주화로 이어진다.

생활을 지탱하는 신뢰의 축 역시 가족의 헌신에서 기계의 정밀함으로 옮겨갈 가능성이 짙다. 오랫동안 우리는 가족의 정성에 기대를 걸어왔으나, 가사 로봇이 인프라가 되면 신뢰의 기준은 위생과 효율이라는 수치로 이동하게 된다.

이제는 정성이라는 모호한 수사보다 로봇이 식재료를 관리하고 최적의 맛을 구현했음을 증명하는 성능 로그가 앞서게 되는 셈이다. 가사 노동은 이제 인간의 고역이 아닌 로봇이라는 플랫폼의 영역으로 넘어가는 추세다.

세탁기가 빨래 시간을 줄였듯, 이제는 일상의 전반적인 관리를 기계가 분담하는 시대가 도달했다. 로봇의 대중화는 가정을 노동을 나누는 장소에서 기술이 제공하는 편의를 구독하는 공간으로 바꿔놓을 것이다.

지루한 가사에서 해방된 자리에는 텅 빈 시간을 무엇으로 채울 것인가라는 실존적 질문이 남게 된다. 인류는 이제 기계가 닦아놓은 깨끗한 바닥 위에서, 노동 없는 삶이 가져올 낯선 자유를 대면해야 한다.

한국은 인구 붕괴를 세계에서 가장 먼저 겪는 나라가 된다

“

현재 한국의 출산율 추세를 보면, 한국은 인구 붕괴라는 재앙을 맞이하는 첫 번째 국가가 될 것이며, 결국 세계 지도에서 자취를 감출 위험에 처해 있다. (2022년 5월, X 포스팅)

”

현재, 머스크의 예측대로 되고 있나?

세계에서 가장 빠른 속도로 진행되는 한국의 인구 감소는, 문명이 유지될 수 있는 최소한의 시스템적 동력마저 앗아갈 수 있다는 머스크의 경고를 실체화하고 있다. 출산율이 회복될 기미를 보이지 않자 공동체의 존립을 인구가 아닌 기술적 자동화로 해결하려는 경향이 뚜렷하다.

초고속 인터넷과 로봇 배송이 선사하는 편리함에 대중이 도취해 있을 때, 머스크의 레이더는 한국 사회가 기록중인 집단적 소멸 속도를 포착한다. 인류 문명은 결국 의식을 가진 인간의 수에 의해 지탱되는데, 공학자의 안목으로 본 한국은 스스로의 존재를 지워나가는 시스템적 결함 상태에 가깝다.

그는 경이로울 정도로 낮은 출산율을 문명이 가동을 멈추기 직전에 울리는 탄광 속 카나리아의 비명으로 규정한다. 이를 인류 전체가 마주할 인구학적 재앙의 예고편으로 인식하며, 문명 주체가 증발하는 현상을 극도로 경계하고 있다.

그가 던지는 메시지는 단순하면서도 서늘한 진실을 담고 있다. 외부의 총칼보다 치명적인 위협은 아이의 울음소리가 사라진 정적이며, 젊은 세대가 증발한 자리를 자동화 시스템이 메운들 향유할 주인이 없다면, 그곳은 기계적 폐허일 뿐이라는 지적이다.

기술이 인간의 자리를 완벽히 대체하는 순간 민족과 국가라는 단어의 영속성은 의미를 잃고 증발한다. 한국의 소멸 위험을 단언한 지점은 문명의 엔진을 가동할 주체가 사라지는 현상에 대한 그만의 냉정한 계산을 반영한다.

인구 문제를 단순한 사회 정책이나 예산의 영역으로 국한하는 태도는 머스크의 사고 체계에서 낡은 관습으로 분류된다. 정책의 틀에만 갇혀 있는 한 인류는 골든타임을 놓치고 시스템의 연쇄 붕괴를 지켜볼 수밖에 없어서다.

그는 인구 구조의 변화를 문명 엔진의 연료 고갈이라는 본질적인 결함으로 치환한다. 출산 장려금 수치를 저울질하는 대신, 지능 문명을 유지할 최소한의 의식의 수가 확보되지 않았을 때 벌어질 문명적 퇴행을 경고하는 이유다.

국가의 운명을 신뢰하는 기준 역시 수출 실적이나 기술력의 화려함에서 점차 멀어지고 있다. 오랫동안 우리는 눈에 보이는 성과에 기대를 걸어왔으나, 인구학적 위기가 실체화되면 신뢰의 축은 세대교체의 가능성으로 급격히 이동할 가능성이 짙다.

이제는 나라의 부유함보다 사회에 내일을 꿈꿀 수 있는 새로운 피가 얼마나 공급되는지를 보여주는 인구 피라미드의 형태가 앞서게 된다. 국가를 지탱하던 인구 구조의 뒤틀림은 행정 시스템의 근간을 이미 뒤흔드는 중이다.

수많은 노동력에 의지해 국가라는 함선을 움직이던 시대는 저물고 있다. 도시의 인구 밀도가 낮아지는 현상이 뚜렷해짐에 따라, 전통적인 사회 보험과 행정 체계는 데이터와 기술을 활용한 정교한 관리 모델로 빠르게 재편된다.

인류는 이제 풍요를 생산할 기술은 얻었으나 정작 그 풍요를 누릴 종의 생존을 걱정해야 하는 기묘한 역설에 직면해 있다. 소멸을 선택하는 문명의 흐름을 되돌리기 위해 시스템 설계자가 제시하는 다음 해법은 더욱 급진적일 수밖에 없다.

인구 붕괴는 인공지능보다 먼저 사회 시스템을 흔들 것이다

"

대부분의 사람은 인공지능이 인류를 멸망시킬까 봐 걱정하지만, 실상은 그보다 훨씬 빠르고 확실한 재앙이 우리를 기다리고 있다. 바로 낮은 출산율로 인한 '인구 붕괴'다. 문명이 유지될 수 있는 최소한의 인구가 확보되지 않는다면 인류는 조용히, 그러나 완전히 사라지게 될 것이다.

(2021년 12월, WSJ CEO 카운슬)

"

현재, 머스크의 예측대로 되고 있나?

주요 국가의 출산율이 급감하면서 인류의 성장은 멈춰 서기 시작했다. 부족한 일손은 수천만 대의 로봇이 대신하고 있지만, 그들이 생산한 가치를 소비할 사람은 줄어들고 있다. 생존과 번식이라는 본능보다 문명이 주는 안락함이 앞서면서 인류라는 종을 지탱하던 생명력은 빠르게 식어가는 중이다.

지구 자원 고갈을 막기 위해 인구 감소가 필요하다는 환경론적 주장에 대해, 머스크는 문명을 지탱하는 엔진의 연료가 다해가고 있다는 공학적 경고로 맞선다. 문명의 존속은 결국 지능과 노동이라는 물리적 토대 위에서만 가능하기 때문이다.

그에게 인구 급감은 단순한 통계 수치의 하락이 아니라, 지적 생명체가 쌓아 올린 구조물이 내려앉는 시스템 붕괴를 의미한다. 머스크는 인공지능의 반란보다 텅 비어가는 지구를 인류가 마주한 가장 치명적인 결함으로 규정한다.

아이가 태어나지 않는 사회에는 미래를 설계할 자격이 주어지지 않는다. 로봇이 노동을 대신하고 인공지능이 풍요를 창조해도, 그 결실을 누릴 주체가 사라진다면 문명은 존재할 명분을 잃게 되는 탓이다.

인류가 종의 연속성보다 개인의 안락을 우선시하는 순간, 수만 년간 이어온 생명의 계보는 그 신성함을 잃고 증발할 위기에 처한다. 인구 붕괴를 실존적 위기로 단언하는 지점은 '의식 없는 우주는 무의미하다'는 그의 확고한 철학을 반영한다.

인구 감소를 환경적 축복으로 간주하는 낙관론은 머스크의 계산기 안에서 위험한 전조로 읽힌다. 이러한 인식에 머물러 있는 한 인류는 스스로 존재를 지워나가는 경로를 피할 수 없다는 게 그의 시각이다.

그는 번식의 문제를 개인의 사생활을 넘어선 문명 자산의 유지 차원으로 파악한다. 개별적 선택권을 존중하면서도 인류라는 의식의 불꽃이 꺼지지 않도록 개체 수를 보존하는 것을 지상 과제로 삼는 이유다.

국가의 힘을 측정하는 기준도 화려한 경제 지표에서 본질적인 생존 수치로 이동할 가능성이 짙다. 오랫동안 우리는 국내총생산(GDP)과 군사력에 기대를 걸어왔으나, 인구 붕괴가 실체화되면 신뢰의 축은 생동하는 지능의 총합으로 급격히 옮겨가게 된다.

이제는 국가의 부유함보다 새로 태어나는 울음소리가 얼마나 들리는지를 증명하는 구체적인 출생 기록이 부의 척도보다 앞서게 된다. 성장의 엔진은 이제 무한 확장을 멈추고 종의 존속을 위한 관리 모드로 방향을 트는 중이다.

화려한 무대 장치보다 그것을 향유할 관객의 존재가 중요해졌듯, 인구 구조의 변화는 문명의 운영 방식을 근본적으로 재편하고 있다. 주요 제조국들이 노동력 감소를 겪으며 도달한 결론은 명확하다.

근대적 성장 신화는 이제 기술과 의식이 조화를 이루는 새로운 질서로 대체될 국면을 맞이했다. 인류는 육아와 부양이라는 오랜 굴레를 내려놓는 대신, 한결 정적이고 쓸쓸한 도시 풍경을 새로운 생존 문법으로 받아들이고 있다.

언어 장벽은 사라지고, 외국어 학습의 시대는 끝날 것이다

"

머지않아 인류는 언어라는 불완전한 매개체를 통하지 않고도 서로의 의사를 즉각적으로 이해하게 될 것이다. 뉴럴링크가 대중화되면, 외국어를 배우는 고통스러운 과정은 역사 속으로 사라지고 오직 '감성적 유희'로만 남게 된다.

(2020년 5월, 조 로건 익스피리언스)

"

현재, 머스크의 예측대로 되고 있나?

뇌파를 직접 글자로 바꾸는 기술이 발달하며 소통하는 방식이 달라지고 있다. 기계가 생각을 읽어내는 속도가 말하는 속도를 앞지르자 외국어를 배우는 일도 점차 무의미해졌다. 정교한 회화 실력보다 뇌와 기계를 연결해 정보를 주고받는 효율성이 소통의 새로운 기준이 되고 있다.

외국어 공부의 고통에서 해방될 날을 고대하며 대중이 환호할 때, 머스크는 인류가 사용하는 언어라는 매개체의 지독한 '저대역폭'에 집중한다. 머릿속의 입체적인 생각을 선형적인 소리로 압축해 내뱉고 이를 상대가 해독하는 과정은 정보 손실이 필연적으로 발생하는 구시대적 프로토콜에 불과하다.

공학자의 안목으로 본 언어 장벽은 인류 지능의 통합을 가로막는 시스템 병목일 뿐이다. 그는 단어나 문법이라는 우회로를 거치지 않고 의도와 이미지를 뇌로 직접 전송받는 방식을 통해, 문명에 내재된 통신 결함을 근본적으로 해결하려 한다.

모국어에 기반한 정체성은 뇌와 뇌가 직접 연결되는 기술이 실현될 경우 그 문화적 권위가 재조정될 가능성이 크다. 수만 시간을 들여 외국어를 외우지 않아도 전 세계인과 실시간으로 감각을 공유하는 세상은 점차 기술적 시뮬레이션의 영역으로 들어오고 있는 탓이다.

기술이 소통의 주권을 음성에서 데이터로 옮기게 되면 우리가 지탱해온 언어의 벽은 새로운 국면을 맞이한다. 언어를 지혜를 담는 그릇으로 숭상하는 관점 역시 머스크의 사고 체계에서는 효율성 문제로 전이된다.

인간이 단어의 한계에 머물러 있는 한 고차원적인 지능의 융합이 지연될 수밖에 없다는 게 그의 시각이다. 그는 소통의 본질을 번역의 차원을 넘어선 신경 신호의 스트리밍 문제로 치환한다. 문학적 수사법을 존중하는 대신 뇌에서 발생하는 감정 전위와 정보를 가공 없이 전달하는 시스템을 구축하려는 이유다.

그가 설계하는 소통은 번역 기술의 정점을 넘어 언어라는 체계 자체를 보완하거나 대체하려는 시도에 가깝다. 사회적 상호작용의 신뢰를 담보하던 기준 역시 표현력에서 의도의 투명성으로 이동할 가능성이 짙다.

우리는 오랫동안 상대의 화술에 기대를 걸어왔으나, 뇌 동기화 기술이 안착하면 신뢰의 축은 신경 데이터의 무결성으로 옮겨간다. 이제는 화술의 화려함보다 상대의 뇌가 내보내는 실제 감정과 데이터가 얼마나 일치하는지를 보여주는 결과값이 소통의 진실성을 판가름하게 된다.

인류의 소통 방식은 이제 정해진 형식을 넘어 생각의 직접 연결이라는 국면에 진입했다. 외국어를 습득하고 문장을 다듬던 고된 노동의 시대가 기술적 진화와 함께 저물기 시작한 것이다. 단어라는 필터를 거치지 않고 서로의 의도를 직접 전달하려는 시도가 이어지면서, 지식 전달의 속도는 비약적으로 빨라질 것으로 보인다.

외국어 정복의 고통이 줄어드는 자리에는 타인의 의식을 있는 그대로 수용할 수 있는가에 대한 본질적인 물음이 남는다. 우리는 언어라는 도구의 제약에서 해방되는 대가로, 자신의 내면이 투명하게 노출될 수 있는 새로운 소통 환경을 받아들여야 할 시점에 서 있다.

손에 든 스마트폰은 역사 속으로 완전히 사라질 것이다

미래에는 우리가 아는 형태의 스마트폰은 사라질 것이다. 기기는 그저 소리와 픽셀을 전송하는 도구일 뿐, 모든 지능은 클라우드에서 구현되며 인간의 의도를 즉각적으로 수행하는 '제로 인터페이스'가 지배할 것이다. (2024년 6월, X 포스팅)

현재, 머스크의 예측대로 되고 있나?

화면 조작 대신 음성과 웨어러블 기기를 통한 상호작용이 일상으로 스며들고 있다. 2026년 현재 스마트글래스와 AI 핀이 보편화되면서, 손에 쥐는 하드웨어의 시대는 저물고 있다. 이제 기술은 도구를 사용하는 단계를 넘어 인간의 생각과 기기를 직접 연결하는 인터페이스의 진화로 나아가고 있다.

스마트폰을 인류 최고의 발명품이라 칭송하며 손에서 놓지 못하는 대중의 열광 뒤에서, 머스크는 이 기기가 강요하는 저대역폭의 한계에 주목한다. 인간의 뇌는 방대한 정보를 처리할 잠재력을 가졌음에도 고작 엄지손가락으로 작은 화면을 두드려 입출력하는 방식은 공학자의 안목에서 지독한 병목 현상일 뿐이다.

그는 물리적인 하드웨어를 지능의 확장을 방해하는 시스템적 족쇄로 규정한다. 뇌 임플란트를 통해 의도와 결과 사이의 시차를 없애는 '제로 인터페이스'는 인간의 인지 능력을 기계적 제약으로부터 해방시키려는 구체적인 해법이다.

머스크가 설계하는 미래에서 가장 완벽한 기술은 육안으로 보이지 않는 형태에 가깝다. 기기를 꺼내지 않아도 떠올리는 즉시 정보가 펼쳐지고 생각만으로 소통할 수 있다면, 현재의 물리적 기기들은 거추장스러운 유물이 될 수밖에 없다. 기술이 인간의 신경계와 직접 동기화되는 환경이 조성되면 인류가 탐닉해온 모바일 시대는 종말을 맞이한다. 스마트폰 너머를 전망하는 그의 시각에는 인간의 감각 자체를 디지털 데이터로 연결하려는 거대한 야심이 서려 있다.

인터페이스를 단순히 배우고 익혀야 할 도구로 취급하는 관습은 비효율의 극치로 분류된다. 기기 사용법을 익히는 과정 자체가 유한한 지적 자원을 낭비하는 일이라서다. 그는 소통의 본질을 뇌파와 데이터의 직접 교환 문제로 치환한다.

터치스크린의 반응 속도를 개선하는 지엽적인 노력 대신 신경 신호 자체를 실시간으로 스트리밍하는 시스템을 지향하는 이유다. 여기서 말하는 스마트폰 없는 미래는 단순한 편의의 향상을 넘어, 인지 경로가 기술 시스템과 신경학적으로 결합하는 근본적인 변화를 의미한다.

정보를 신뢰하는 기준 역시 화면을 거치는 방식에서 신경망에 직접 도달하는 신호로 이동할 가능성이 짙다. 우리는 오랫동안 화면에 출력된 가시적인 정보에 의지해왔으나, 제로 인터페이스가 안착하면 신뢰의 축은 시각 피질에 도달하는 데이터의 무결성으로 옮겨간다.

이제는 '무엇을 보았는가'라는 주관적 경험보다 시스템이 뇌에 어떤 정보를 전송했는지를 증명하는 로그 데이터가 사실 확인의 우선순위를 점하게 된다. 지식과 정보는 이제 손안의 기기를 넘어 인간의 신체로 직접 스며드는 과정에 진입했다.

정보를 찾기 위해 화면을 뒤적이는 수고가 사라진 자리에 생각하는 즉시 지식을 습득하는 인터페이스의 진화가 시작된 셈이다. 임플란트 기술이 스마트폰의 기능을 서서히 잠식해 들어감에 따라, 하드웨어 중심의 산업은 인체와 기술이 하나의 회로로 묶이는 전례 없는 국면으로 접어들고 있다.

우리는 이제 기기를 소유하는 시대를 지나 기술을 몸의 일부로 받아들이는 존재의 확장 단계에 서 있다. 손안의 화면이 꺼지는 순간, 진정한 지능의 동기화가 시작되는 것이다.

인류는 천 년을 살아가는 무병장수 시대를 맞을 것이다

"

노화는 생물학적 숙명이 아니라, 코딩 과정에서 발생한 일련의 '소프트웨어 버그'와 같다. 정보가 손실되고 세포가 복제 오류를 일으키는 이 과정은 공학적으로 충분히 통제 가능하며, 인류는 곧 기대 수명 150세를 넘어 수천 년을 사는 존재로 진화할 것이다. *(2025년 10월, 미래 투자 이니셔티브)*

"

현재, 머스크의 예측대로 되고 있나?

인간의 수명이 당장 천 년으로 늘어난 것은 아니지만, 생명의 유통기한을 늘리려는 시도는 이미 곳곳에서 나타나고 있다. 인공지능이 찾아낸 노화 방지 물질이 실제 실험을 통과하고 있다. 젊음을 유지하려는 첨단 기술들도 부유층 사이에서 새로운 관리 수단으로 자리를 잡아가고 있는 상황이다.

무병장수를 신이 내린 축복이라 여기는 대중의 정서와 달리, 머스크는 생명 연장을 문명 최적화를 위한 공학적 효율의 문제로 본다. 인류는 짧은 생애 주기 탓에 지식을 전수하는 데 과도한 에너지를 소모하며, 정점에 오른 지능을 꽃피우기도 전에 육체의 쇠락이라는 벽에 부딪히는 탓이다.

공학자의 안목으로 본 노화와 죽음은 지능의 연속성을 끊어버리는 치명적인 전산 오류에 가깝다. 그는 이 현상을 반드시 극복해야 할 디버깅의 대상으로 규정하며, 생물학적 한계라는 시스템 결함에 정면으로 도전하고 있다.

신체의 설계도인 유전자가 복잡한 코드라면, 노화는 그 코드가 복제될 때 발생하는 쓰레기 데이터의 누적이다. 지능이 낡은 하드웨어와 함께 사멸하도록 방치하는 대신, 나노 기술과 유전자 편집을 동원해 세포의 시계를 강제로 조정하려는 시도가 논의되는 지점이다.

신체가 신성한 목적지가 아닌 관리 대상이 되는 순간, 인류가 순응해온 죽음의 섭리는 새로운 해석을 요구받는다.

수명을 늘리는 기술에 대한 머스크의 자신감은 생명을 유기체적 신비가 아닌, 유지 보수가 가능한 하드웨어 공정으로 바라보는 기계론적 사고에서 기인한다.

노화를 자연스러운 삶의 일부로 수용하는 태도는 머스크의 계획 안에서 시스템 비효율의 문제로 전이된다. 죽음의 필연성을 전제하는 한 인류가 심우주 항해와 같은 초장기 프로젝트를 완수하기 어렵다는 게 그의 시각이다.

그는 생명을 부품 교체와 기능 보존이 가능한 시스템으로 간주한다. 장기를 보완하고 세포를 리프로그래밍하며 기능을 영구히 유지하는 인프라를 구축하려는 이유다.

그가 예고한 수명 연장의 비전은 개인의 장수 비결을 넘어 지능의 영속성을 확보하기 위한 문명적 업그레이드로 읽힌다. 삶의 가치를 판단하던 신뢰의 기준 역시 나이가 주는 지혜에서 생체 관리 수치로 이동할 가능성이 짙다.

오랫동안 인류는 노련함과 숙련도에 기대를 걸어왔으나, 역노화 기술이 안착하면 신뢰의 축은 세포의 젊음을 증명하는 데이터로 옮겨간다. 이제는 얼마나 오래 살았는가라는 경력보다, 세포 지표가 얼마나 청년기에 근접해 있는지를 보여주는 실시간 결과값이 실질적인 권위를 가진다.

인간의 신체는 이제 운명적 기계에서 복구 가능한 바이오 시스템으로 진화하는 과정에 있다. 세포 리프로그래밍 기술이 연구 단계에 진입함에 따라, 자연적 생애 주기는 개인의 기술적 선택에 의해 확장될 수 있는 국면을 맞이했다.

죽음의 공포가 줄어든 자리에는 소멸하지 않는 자아를 견뎌내야 하는 낯선 영속성이 남는다. 우리는 단순히 오래 사는 법을 고민하는 단계를 지나, 낡지 않는 육체를 이끌고 무엇을 위해 존재해야 하는지 스스로 답해야 하는 시대에 다가가고 있다.

신체 기관의 재생과 교체는 자동차 수리처럼 정형화된다

"

뉴럴링크와 합성 생물학의 결합으로 인간의 감각 기관이나 장기를 기계 혹은 재생 조직으로 교체하는 것은 더 이상 '수술'이 아닌 '유지 보수'의 개념이 될 것이다. 인류는 노화하거나 손상된 신체를 언제든 수리해 최상의 성능을 유지하게 된다.

(2023년 11월, NYT 딜북 서밋)

"

현재, 머스크의 예측대로 되고 있나?

병원의 역할은 환자를 치료하는 곳에서 신체 기능을 관리하는 곳으로 변하고 있다. 3D 프린팅 조직이나 신경 칩 기술이 발전하면서 장기 이식 같은 절박한 수술은 점차 정교한 부품 교체 작업처럼 변해간다. 생명을 신성하게 여기던 관념은 성능 유지가 필요한 노후 장비를 다루는 태도로 바뀌는 중이다.

불치병의 완치를 인류의 승리라 칭송하며 기뻐하는 대중과 달리, 머스크는 인체의 관리 가능성이라는 수치에 집중한다. 장기가 노화하고 감각이 퇴화하는 과정은 공학적 안목에서 부품의 마모와 센서의 감도 저하라는 물리적 고장으로 치환될 뿐이다.

그는 유약한 육체를 문명의 도약을 가로막는 시스템적 취약점으로 규정한다. 정교한 신체 부품 교정 공정을 통해 인간을 '수리 가능한 존재'로 재설계하려는 시도는 유기적 한계를 극복하려는 공학적 의지를 반영한 결과다.

뇌의 신경 신호를 데이터로 읽어내고 생체 조직을 출력하는 기술이 예고되면서 신체는 점차 성역의 지위에서 내려오고 있다. 고장 난 장기를 보완하고 시력이 저하되면 광학 센서로 교체하는 일상이 논의되는 세계에서 인류는 죽음을 대하는 근본적인 방식의 변화를 맞이한다.

기술이 생명의 유통기한을 제어하기 시작하는 순간, 신체의 고유성은 새로운 국면을 맞이하게 된다. 의료의 본질이 정밀한 하드웨어 정비로 변모할 것이라는 그의 확신은 육체의 탈신비화라는 냉혹한 현실과 맞닿아 있다.

육체를 영혼을 담는 그릇으로 숭상하는 인문학적 가치는 머스크의 설계 안에서 효율성 문제로 전이된다. 인간이 생물학적 한계에 갇혀 있는 한 지능의 잠재 성능을 온전히 발휘하기 어렵다는 게 그의 시각이다.

그는 신체를 업그레이드 가능한 모듈형 플랫폼으로 간주한다. 자연적인 노화에 순응하는 대신 정기 점검을 통해 조직을 보완하고 인공 부품으로 성능을 유지하는 관리 시스템을 구축하려는 이유다.

바이오 엔지니어링은 단순한 질병 치료를 넘어 하드웨어의 성능을 최적화하는 공정의 성격을 띤다. 신뢰의 기준 역시 의사의 명성에서 부품의 품질을 증명하는 구체적인 이력으로 이동할 가능성이 짙다.

오랫동안 우리는 의료진의 숙련도에 기대를 걸어왔으나, 신체 부품화가 안착하면 신뢰의 축은 정교한 유지 보수 로그로 옮겨간다. 이제는 의사의 감각보다 이식된 장기의 사양과 다음 교체 주기를 증명하는 실시간 결과값이 앞서게 되는 셈이다.

신체 관리의 패러다임은 질병 치료라는 사후 처방을 넘어 적극적인 최적화의 영역으로 진입하는 추세다. 장기 프린팅과 부품 교체가 일상적인 정비처럼 보편화되면서 타고난 신체 조건에 순응하던 시대는 저물어가고 있다.

기술을 통한 기능 향상은 이제 개인의 필요에 따라 선택하는 커스텀의 영역으로 편입된다. 신체는 태생적 운명을 넘어 주체적으로 관리하고 교체하는 소유물의 성격을 띠기 시작했다.

단순히 질병을 피하는 수준을 넘어 자신의 물리적 성능을 직접 조절하고 유지하는 새로운 생존 문법이 열리고 있다. 우리는 이제 주어진 몸이 아닌, 스스로 설계하고 보수하는 육체를 이끌고 문명의 다음 단계를 준비해야 한다.

도시는 넓어지지 않고, 위로 쌓이는 방식이 표준이 된다

“

자율주행과 수직 농업, 그리고 에너지 자립 기술은 인류를 넓게 퍼져 살게 만드는 것이 아니라 더 촘촘하게 묶어줄 것이다. 자연을 파괴하는 수평적 확장을 멈추고, 하늘과 땅속으로 뻗어 나가는 수직적 고밀도 도시가 진정한 지속 가능한 문명의 모습이다. (2025년 5월, 테슬라 기가 네바다 강연)

”

현재, 머스크의 예측대로 되고 있나?

공간을 활용하는 관점이 뿌리째 바뀌고 있다. 평면적인 확장을 비효율로 규정하고 지하 터널과 초고층 건축을 통해 밀도를 극대화하는 방식이 새로운 표준이 되었다. 자연을 보존하려는 의지보다 한정된 토지를 기술적으로 최적화하려는 공학적 논리가 도시의 미래를 먼저 결정짓고 있다.

머스크는 지구를 인류의 영원한 고향이 아닌, 언제든 폐기될 수 있는 '불완전한 서버'로 간주한다. 그에게 화성 개척은 낭만적인 모험이 아니라, 문명의 멸절 가능성을 제로로 수렴시키기 위한 최후의 리스크 관리 전략이다.

공룡의 멸종이 증명했듯 하나의 행성에 모든 지능 자원을 몰아넣는 행위는 시한폭탄을 안고 사는 시스템적 방종과 다름없다. 지구라는 단일 행성이 가진 확률적 위험을 분산하기 위해 인류의 의식을 우주라는 네트워크로 백업하는 공정은 이 지점에서 당위성을 얻는다.

행성 간 이동이 생존을 위한 필수 하드웨어 업그레이드로 정의되면서 지구의 아름다움에 안주하던 대중의 정서는 새로운 도전에 직면한다. 시스템이 멈출 날을 대비해 또 다른 운영 체제를 화성 토양 위에 이식해야 한다는 것이 그의 냉혹한 결론이다.

중력을 극복하고 수백 명을 심우주로 실어 나르는 환경이 조성되면 지구 본위주의 시대는 종말을 고한다. 종의 주권을 우주 전체로 확장해 영속성을 확보하려는 기계론적 신념이 이 거대한 항해를 이끌고 있다.

거주 가능 구역을 지표면으로만 한정 짓는 관념은 머스크의 설계도 안에서 효율성 문제로 전이된다. 인류가 다행성 종으로 진화하지 못할 경우 결국 엔트로피의 법칙에 따라 소멸할 수밖에 없는 탓이다. 그는 화성을 단순한 식민지가 아닌, 지구와 독립적으로 가동되는 '문명 백업 데이터센터'로 규정한다. 자급자족 기지를 구축하는 과정은 지능 문명이 어떤 극한 상황에서도 가동을 멈추지 않도록 만드는 시스템 내구성 테스트의 성격을 띤다.

우주 개발의 가치를 측정하는 기준 역시 국가 간의 위신 찾기에서 단위당 수송 비용이라는 경제적 수치로 이동한다. 오랫동안 인류는 로켓 발사의 상징성에 기대를 걸어왔으나, 재사용 로켓이 인프라가 되면 신뢰의 축은 화물 전송의 수율로 옮겨가게 된다.

이제는 어느 나라가 깃발을 꽂았는가보다 스타십이 한 번에 몇 톤의 자원을 안착시킬 수 있는지를 보여주는 성능 수치가 권위를 얻는다. 지구라는 울타리를 벗어난 인류의 엔진은 이제 광활한 공백을 향해 가속을 시작했다.

화성 현지 자원을 활용한 제조 공정이 연구 단계에 진입함에 따라 지상에만 머물던 문명은 행성 간 네트워크 기반의 초거대 시스템으로 재편된다. 인류는 요람을 떠나 거친 우주로 나가는 대가로 지구에서의 독점적 지위를 조금씩 내려놓는 중이다.

붉은 먼지 속에서 기지를 세우는 행위는 의식의 불꽃을 우주 곳곳에 흩뿌려 꺼지지 않게 만드는 공학적 방어 기제다. 우리는 이제 하나의 행성에 운명을 맡긴 존재를 넘어, 스스로의 서식지를 우주적 스케일로 설계하고 관리해야 하는 다행성 문명의 시대로 진입하고 있다.

물류는 지상 위가 아니라 지하의 혈관으로 흘러갈 것이다

“

2차원의 지상 도로는 늘어나는 교통량을 결코 감당할 수 없다. 미래 도심의 핵심 인프라는 수천 층으로 확장 가능한 자율주행 전용 지하 터널망이 될 것이며, 지상은 공원과 보행자 중심으로 재설계될 것이다. (2021년 12월, 기술 인터뷰)

”

현재, 머스크의 예측대로 되고 있나?

지상의 교통량을 지하로 옮기려는 시도가 라스베이거스를 중심으로 성과를 내고 있다. 지하 터널을 이용한 이동 방식이 공항 노선까지 넓어지며 도시의 흐름은 위아래로 나뉘기 시작했다. 길 위의 정체를 해결하려던 실험은 이제 전통적인 지상 도로의 역할을 지하 공간으로 빠르게 밀어내고 있다.

평면에 갇힌 지상의 도로는 머스크의 설계도 안에서 문명의 흐름을 막는 시스템적 동맥경화로 분류된다. 수평으로만 뻗은 경로는 겹칠 수 없고 정체가 발생하면 대안이 없는 구조적 결함을 안고 있는 탓이다.

공학자의 시선에서 지표면 아래의 공간은 수천 층으로 쌓아 올릴 수 있는 무한한 확장 영역이다. 그는 지상의 소음과 매연을 문명의 효율을 저해하는 노이즈로 보고, 물리적 이동을 지하 루프 시스템으로 격리해 지표면을 기계로부터 해방시키려 한다.

모든 물류와 이동이 지하로 숨어드는 환경이 조성되면, 지상은 비로소 기계의 소유에서 인간의 정원으로 돌아올 수 있다. 백 년 넘게 도심을 지배해온 도로 중심의 설계는 이 지점에서 변화의 국면을 맞이하게 된다.

도심의 평화를 예찬하던 인류의 감각은 기술이 기계의 흔적을 땅밑으로 감추는 순간 새로운 공간 주권을 경험한다. 이동의 효율은 극대화하되 그 과정의 불쾌함은 지표면에서 완전히 소거하겠다는 것이 시스템 설계자로서 그가 가진 집요한 의지다.

도시를 상하로 분리된 입체적 하이퍼 맵으로 치환하는 과정은 공간 주권의 전면적인 재편을 의미한다. 도로를 단순한 통로로 보는 관념을 유지하는 한, 지상은 기계의 소음과 위험에 영구히 노출될 수밖에 없어서다.

그는 아스팔트의 익숙함에 안주하는 대신, 지표면은 보행자를 위해 보존하고 고속 이동은 지하 터널로 분리하는 이원화 시스템을 구축한다. 지하 터널망은 단순한 교통 체증 해소를 넘어, 인간의 거주 영역에서 기계적 생산 수단을 완전히 분리해내는 정화 공정의 성격을 띤다.

거주 환경을 평가하는 신뢰의 기준 역시 집 앞의 도로망에서 지하 인터페이스의 연결성으로 이동할 가능성이 짙다. 오랫동안 우리는 큰 도로와의 인접성에 기대를 걸어왔으나, 지하 터널망이 안착하면 신뢰의 축은 물류의 전송 효율과 수율로 옮겨가게 된다.

이제는 집 앞이 차도인가라는 정보보다, 건물이 지하 루프 스테이션과 얼마나 유기적으로 결합되어 있는지를 증명하는 결과값이 앞서게 된다. 입지의 가치가, 눈에 보이는 외관이 아닌 보이지 않는 지하 터널의 가동률로 증명되기 시작하면, 도시의 자산 가치는 수직적 연결망 위에서 재평가된다.

도시의 혈관은 이제 지표면을 벗어나 지하로 깊숙이 숨어드는 과정을 겪고 있다. 정체를 피해 수직으로 나뉜 전용 통로를 질주하듯, 문명의 이동 방식은 보이지 않는 곳에서 더 정교하게 작동하기 시작했다.

주요 거점을 잇는 지하망이 건설되고 지상의 차도가 녹지로 변모함에 따라, 수평적 확장에 치중했던 도시 설계는 기술적 압축을 통해 새로운 균형을 찾아가고 있다. 인류는 이제 기계와 공간을 나누어 쓰는 불편한 동거를 끝내고, 기술을 땅밑으로 유배시킴으로써 지상의 안락함을 온전히 소유하는 시대로 나아가고 있다.

"국경은 희미해지고, 우리가 숭상하던 종이돈의 권위는 비트와 에너지의 파도 속으로 사라진다. 중앙은행의 금리 결정보다 인공지능의 연산 능력과 배터리 저장량이 한 국가의 국력을 결정하는 냉혹한 물리 경제의 시대가 도래한다. 판사는 코드로 대체되고, 정치는 직접 의사결정의 네트워크 속으로 편입되며, 자본주의는 로봇 소유주라는 새로운 신 계급 앞에서 파산을 선언한다. 기존의 질서가 무너진 자리에 세워질 새로운 규칙은 인간의 윤리가 아니라 물리학적 효율에 의해 통제될 것이다."

3장

국가와 돈의 규칙이 완전히 달라진다

판결은 판사가 아닌 인공지능이 실시간으로 집행할 것이다

"

인간이 만든 법전은 기술의 속도를 따라잡지 못해 결국 박물관으로 가게 될 것이다. 미래에는 고정된 법령 대신, 모든 상황을 실시간으로 분석해 최적의 정의를 내리는 '동적 법률 시스템'이 사회를 운영하게 된다. (2025년 8월, X AI 거버넌스 토론)

"

현재, 머스크의 예측대로 되고 있나?

인공지능이 방대한 판례를 분석해 형량과 법리 검토를 대신하는 비중이 커지고 있다. 판사는 시스템이 산출한 통계적 결과값을 최종 확인하고 서명하는 역할로 점차 축소되는 모습이다. 법적 판단의 주도권이 인간의 양심에서 기계의 데이터 처리 능력으로 옮겨가고 있다.

인간의 사법 시스템이 안고 있는 거대한 시차는 머스크의 공학적 필터 안에서 문명을 저해하는 치명적인 지연으로 분류된다. 법을 위반하는 순간과 처벌이 집행되는 사이의 공백에서 온갖 불공정과 비효율이 발생하는 탓이다.

그는 법정의 심판 풍경보다 법이 집행되기까지 걸리는 소모적인 물리적 시간에 주목한다. 사법 체계의 지연 시간을 제로에 가깝게 줄여, 법을 사회라는 운영체제 내에서 즉각 구동되는 코드로 변모시키는 것이 그가 추구하는 공학적 목표다.

법이 사후에 해석되는 문장을 넘어 사건과 동시에 집행되는 물리적 상수가 될 때, 인공지능 판사를 향한 대중의 관념은 새로운 국면을 맞이한다. 과속 후 고지서를 기다리는 대신 시스템이 차량을 즉각 제어하는 방식처럼, 법의 핵심이 권위에서 즉각적 제어로 이동하는 시나리오다.

정의를 형이상학적 영역에 가둬두지 않고 실시간으로 사회의 항상성을 유지하는 동적 법률 시스템을 구축하는 과정은 집행의 무오류성을 확보하려는 최적화 전략과 맞닿아 있다. 주관적인 고뇌를 배제한 이 냉혹함은 머스크가 설계하는 사법 인프라의 핵심이다.

판사의 양심에만 의존하는 방식은 데이터 시대에 효율성이 낮고 가변적이라는 게 그의 시각이다. 방대한 판례와 법리를 바탕으로 공정함을 도출하는 정밀 연산 시스템이 인간의 고뇌를 대체한다. 인쇄술이 지식 독점을 깼듯, 지능형 법률 서비스는 전문가들이 점유하던 법전의 권위를 해체하고 재편한다.

기술이 법적 판단에 소요되던 물리적 시간을 단축하는 순간, 법은 전문가의 전유물에서 시스템의 보편적 기능으로 전환된다. 사법 체계를 지탱하는 신뢰의 기준 역시 인간의 권위에서 시스템의 투명성으로 이동할 가능성이 짙다.

오랫동안 우리는 법복을 입은 자의 양심에 기대를 걸어왔으나, 알고리즘이 개입하면 신뢰의 축은 판단 과정의 정합성을 증명하는 로그 데이터로 옮겨간다. 판사의 덕망보다 알고리즘이 어떤 논리 구조로 결론에 도달했는가를 증명하는 결과값이 앞서게 되는 셈이다.

판결의 근거가 숫자로 투명하게 공개되기 시작하면, 사

람들은 인간의 가변적인 감정보다 시스템의 일관된 정확도를 실질적인 정의로 받아들이게 된다. 사법 시스템의 효율성은 이제 법전의 두께가 아닌 알고리즘의 연산 속도에 의해 결정되는 추세다.

방대한 판례를 찾는 수고가 사라진 자리에 지연을 최소화하는 기술이 도입되면서, 정의는 더 빠르고 정교하게 실현될 국면을 맞이했다. 인류는 이제 법을 사후에 논쟁하는 과정에서 벗어나는 대가로, 자신의 행위가 실시간으로 조율되는 규율의 시대로 진입하고 있다.

지능형 서비스가 법적 판단의 영역을 장악함에 따라 법은 더 이상 인간의 의지로 해석하는 대상이 아니다. 그것은 이제 시스템이 제시하는 명확한 상수의 성격을 띠며 문명의 질서를 규정한다.

총알이 아닌 코드 한 줄이 한 국가를 순식간에 마비시킨다

"

영토를 점령하는 구시대적 전쟁은 끝났다. 미래의 전쟁은 총알이 아니라 알고리즘 전염병으로 결판날 것이다. 상대국의 전력망과 로봇 군단의 OS에 단 하나의 치명적인 코드를 심는 것만으로 국가는 단 1초 만에 마비된다.

(2025년 3월, 스타링크 안보 전략 회의)

"

현재, 머스크의 예측대로 되고 있나?

전쟁의 승패는 이제 무기 자체보다 이를 조종하는 네트워크 선점 여부에 달려 있다. 물리적인 파괴력보다 통신망을 해킹해 적의 무력 체계를 무력화하는 기술이 핵심 경쟁력이 되었다. 영토를 점령하기 전에 국가 기간망을 사이버 공격으로 먼저 마비시켜 전쟁의 의지를 꺾는 방식이 표준이 되고 있다.

국가를 가동하는 전력망과 수도, 자율주행 네트워크는 머스크의 공학적 필터 안에서 하나의 거대한 소프트웨어 덩어리로 정의된다. 소프트웨어의 본질이 언제나 취약성을 안고 있는 코드의 집합이라면, 문명은 단 한 줄의 악성 코드로도 맥없이 흔들릴 수 있는 위태로운 구조물일 수 있기 때문이다.

그는 물리적 타격에 의한 파괴보다 시스템의 중추가 지닌 보안 결함에 주목한다. 운영체제의 약점을 공략해 인프라 전체를 마비시키는 것이 문명을 무력화할 수 있는 가장 치명적이고 효율적인 수단이 될 수 있다고 판단하기 때문이다.

상대국의 시스템에 침투해 사회를 스스로 멈추게 하는 알고리즘 전염병이 거론되는 순간, 전쟁을 화력의 대결로만 상상하던 관념은 새로운 국면을 맞이하게 된다. 영토를 뺏기 위해 보병과 기갑 부대를 보내는 행위는 공학자의 시선에서 볼 때 비용 대비 효율이 극도로 낮은 방식이다.

전쟁의 핵심이 파괴에서 '정지'로 이동하고 있다는 그의 확신은 초연결 사회에서 안보의 본질이 물리적 성벽이 아닌 코드의 방어선에 있다는 사실을 시사한다. 국방을 단순히 무기의 숫자로만 계산하는 방식은 머스크의 설계도 안에서 비효율의 문제로 재편된다.

무기의 양에만 집착하는 국방은 막대한 유지 비용을 소모하는 늪이 될 수 있다고 판단하기 때문이다. 그는 안보의 본질을 알고리즘 보안과 네트워크의 생존성 문제로 재정의한다. 물리적 요새를 쌓는 대신, 외부의 침입을 즉각 감지하고 차단하는 실시간 대응 시스템을 지향하는 것이다.

그가 주도하는 스타링크 안보 전략은 영토 방위를 넘어, 시스템이 어떤 공격에도 가동을 멈추지 않게 만드는 회복력에 초점을 맞추고 있다. 전쟁에서 힘을 측정하는 기준 역시 무기 보유량에서 데이터 침투력으로 이동할 가능성을 보인다.

오랫동안 우리는 군대의 규모에 생존을 기탁해 왔으나, 코드 전쟁이 일상의 인프라가 되면 신뢰의 축은 적의 신경망에 연결된 정보 탈취 능력으로 옮겨가게 된다. 이제는 탱크의 대수보다 시스템이 상대의 기반 시설에 얼마나 깊숙이 관여하고 있는지를 증명하는 결과값이 앞서게 된다.

안보의 가치가 숫자로 환산되기 시작하면 사람들은 화약의 파괴력보다 보이지 않는 신호의 흐름을 제어하는 능력을 더 실질적인 전력으로 신뢰하거나 두려워하게 된다. 전쟁의 표준은 이제 물리적 타격에서 시스템 제어권의 점유로 무게중심을 옮기는 중이다.

물리적 파괴보다 데이터 침투를 통해 국가 인프라를 무력화하는 것이 안보의 핵심 과제가 되었기 때문이다. 지능형 전력망이 국가의 근간을 이루면서 물리적 국경선은 코드의 방어선 앞에 그 역할을 재설계해야 할 상황에 놓였다.

연결된 사회의 편리함은 외부의 의도에 의해 언제든지 일시 정지될 수 있다는 치명적인 취약성을 동반한다. 주권과 안전이 기술적 신뢰 위에 놓이면서, 우리는 이제 물리적 위협보다 시스템의 접근 권한을 더 필사적으로 지켜내야 하는 코드 주권의 시대로 접어들고 있다.

대만은 독립 지위를 잃고 중국의 기술 영토로 편입될 것이다

"

중국의 정책은 대만을 통합하는 것이며, 대만은 중국에 있어 하와이와 같은 존재다. 대만이 중국의 일부가 되는 것은 피할 수 없는 지정학적 결론이며, 우리는 그 현실을 인정해야 한다. 미국 함대가 그 과정을 억제하고 있을 뿐이다.

(2023년 9월, 올인 서밋 인터뷰)

"

현재, 머스크의 예측대로 되고 있나?

중국이 AI 연산력을 둘러싼 경쟁에서 존재감을 키우면서, 대만을 둘러싼 기술 주도권의 균형도 서서히 흔들리고 있다. 세계 반도체 공급망의 핵심인 TSMC는 지정학적 경계 위에 놓인 채, 거대한 시장의 중력과 기술 표준 경쟁 사이에서 점점 더 복잡한 선택을 요구받고 있다.

대륙 옆의 작은 섬이 독자적인 궤도를 유지하는 것이 물리학적으로 지속 가능한가라는 질문에 대해, 머스크는 거대 세력권이 행사하는 지정학적 인력에 주목한다. 자유 민주주의 가치를 수호하려는 대중의 열망과 달리, 그의 공학적 필터 안에서 현재의 대만은 외부의 강제적인 힘에 의해 지탱되는 불안정한 평형 상태다.

그는 이러한 긴장 상태를 문명의 에너지를 소모하는 마찰로 규정한다. 결국 거대한 질량의 흐름과 중력의 법칙에 따라 이 지정학적 불협화음이 하나의 질서로 수렴될 것이라는 관점을 견지하고 있다.

하와이가 미국의 일부이듯 대만 역시 지리적·역사적 맥락에서 떼어낼 수 없는 파편이라는 주장은 주권의 명분에 익숙한 세계에 던져진 냉엄한 공학적 수치다. 중국의 군사력과 기술력이 미국의 억제력을 상쇄할 만큼 성장한다면, 대만은 자연스럽게 인접한 거대 질량의 영향권으로 편입될 가능성이 크다.

기술과 자본이 결합하는 흐름이 가속화되는 세상에서 인류가 지탱해온 주권이라는 개념은 거대한 힘의 논리 앞에 새로운 국면을 맞이하게 된다. 피할 수 없는 통합을 언급하는 흐름 뒤에는 파멸적 전쟁을 피하고 시스템의 붕괴를 막으려는 현실적인 생존 논리가 작동하고 있다.

지정학을 이데올로기의 대결로만 보는 관점은 머스크의 설계도 안에서 공급망 효율성 문제로 전이된다. 대결 구도가 지속되는 한 인류가 치명적인 시스템 리스크에서 벗어나기 어렵기 때문이다. 그는 대만 문제를 민주주의의 보루라는 상징적 가치가 아닌, 기술 자산의 단일 관리 문제로 파악한다. 반도체 생산 엔진을 거대한 인프라와 통합해 문명의 운영 효율을 높이는 것이 그가 지향하는 최적화 전략의 핵심이다. 여기서 말하는 현실 인정은 가치의 포기가 아니라, 시스템의 연속성을 확보하기 위한 공학적 선택에 가깝다.

글로벌 패권을 신뢰하는 기준 역시 국제법의 조항에서 공급망의 안정성이라는 실무적 지표로 이동할 가능성을 보인다. 오랫동안 우리는 동맹의 약속에 기대를 걸어왔으나, 기술적 통합이 현실화되면 신뢰의 축은 칩 생산의 연속성으로 옮겨가게 된다.

이제는 정치적 명분보다 공장에서 생산된 반도체가 지능망에 얼마나 차질 없이 공급되는가를 증명하는 결과값이 앞서게 되는 셈이다. 반도체 중심지인 대만을 둘러싼 긴장은 영토 분쟁을 넘어 지능 문명의 주도권을 향한 에너지 응집 과정으로 변모하고 있다.

아시아의 기술 지정학은 이제 명분이라는 궤도를 벗어나 물리적 질량이 이끄는 새로운 균형점을 찾아가는 추세다. 우리는 이제 선언적인 주권의 시대가 저물고, 거대한 기술적 중력이 국경선을 다시 그리는 힘의 시대로 진입하고 있음을 목격하고 있다.

대의 민주주의는 저물고 직접 의사결정이 부상할 것이다

“

미래의 정치는 수백 명의 정치인이 결정하는 것이 아니라, 수백만 시민의 의사를 실시간으로 수집하고 조율하는 AI 시스템에 의해 운영될 것이다. 지연과 왜곡이 발생하는 대의 제도는 지능형 직접 민주주의로 대체될 수밖에 없다.

(2024년 10월, X 강연)

”

현재, 머스크의 예측대로 되고 있나?

정치 시스템의 외형은 유지되고 있으나 실질적인 권력의 축은 데이터와 알고리즘으로 이동했다. 정기적인 선거보다 실시간 소셜 데이터 분석과 인공지능의 예측 결과가 정책 결정의 핵심 지표가 된 상황이다. 국가의 미래를 결정하던 정치적 판단은 기술적 효율성이라는 잣대 앞에 그 입지를 잠식당하고 있다.

수억 명의 요구를 소수의 대표자에게 위임하는 대의 제도는 머스크의 설계도 안에서 데이터 손실이 극심한 낡은 운영체제로 분류된다. 인류가 정치를 이념의 대결이라 부를 때, 공학자의 시선은 정보 전송 과정에서 발생하는 지독하게 낮은 대역폭에 머문다.

대리 정치는 문명의 의사결정을 지연시키고 왜곡하는 시스템적 노이즈에 불과하다. 시민의 의사를 실시간으로 수집해 정책으로 직결하는 인공지능 기반의 거버넌스는 이러한 비효율을 걷어내기 위한 기술적 비전의 산물이다.

뇌 인터페이스가 사유를 데이터로 연결하는 환경이 조성되면 타인에게 목소리를 빌려 의사를 전달하던 행위는 기술적 명분을 잃는다. 개별 요구를 즉각 취합해 최적의 자원 배분안을 도출하는 시스템이 가동되면서 정치인의 웅변이나 타협은 설 자리를 잃게 된다.

기술이 대중의 의지를 수치화된 데이터로 치환함에 따라 전문 정치인이라는 직업군은 역할의 소멸 위기에 직면한다. 대리인을 거치지 않는 직접 의사결정 체계는 정치적 수사가 사라진 자리에 행정의 정밀함이 들어서는 거대한 전환점이다.

권력을 신성한 전유물로 숭상하는 관념은 시스템 효율의 문제로 치환된다. 인간이 권력을 독점하는 구조에서는 정치가 개인의 욕망이나 불확실성에 상시 노출될 수밖에 없는 탓이다.

리더십이라는 가변적 가치 대신 수천만 명의 의견을 산술적으로 계산해 합의점을 찾아내는 알고리즘이 그 자리를 대신한다. 지능형 민주주의는 정치적 이상의 완성을 넘어, 문명 유지에 필요한 행정 절차를 최적화하고 자동화하려는 시도로 읽힌다.

거버넌스를 지탱하는 신뢰의 축 역시 정치인의 양심에서 데이터의 투명성으로 이동한다. '누가 더 정의로운가'라는 주관적 질문이 사라진 자리에, 시스템이 시민의 요구를 얼마나 왜곡 없이 반영했는가를 증명하는 실시간 로그가 들어선다.

알고리즘 정치가 인프라가 된 세계에서 신뢰는 시스템의 정합성 수치로 환원된다. 대의 민주주의의 정보 손실을 극복하려는 시도가 실시간으로 의사가 반영되는 지능형 직접 민주주의의 형태로 구체화되는 셈이다.

소수의 대리인에게 권한을 위임하던 시대는 저물고, 알고리즘을 통해 개개인의 목소리가 정책에 즉각 투영되는 기술적 진화가 시작되었다. 정치적 왜곡을 줄이려는 기술적 접근은 시민을 시스템의 직접적인 운영 주체로 소환한다.

책임을 전가하던 과거의 방식에서 벗어나, 인류는 투명한 알고리즘이 설계한 틀 안에서 자신의 선택이 가져올 결과값을 실시간으로 체감하는 중이다. 우리는 이제 정치를 관람하는 관객이 아닌, 시스템을 직접 구동하는 운영자로서 새로운 민주주의의 시대로 진입하고 있다.

자본주의는 파산하고, 로봇 소유자가 새로운 신이 될 것이다

"

과거에는 노동이 소득을 만들고 소비를 지탱했다. 하지만 자동화가 이 고리를 끊어놓을 것이다. 경제 활동의 기본 방정식이 무너진다. 노동이 사라진 세상에서 자본주의는 더 이상 숨 쉬지 못할 것이다. *(2023년 5월, CNBC 인터뷰)*

"

현재, 머스크의 예측대로 되고 있나?

기업 가치를 평가하는 기준이 고용 규모나 매출에서 기술 자산 중심으로 옮겨가고 있다. 얼마나 많은 로봇을 가졌는지와 인공지능의 연산 능력이 시장의 새로운 신뢰 지표로 자리 잡았다. 인간의 노동이 부를 만든다는 자본주의의 기본 전제는 압도적인 기술 생산력에 밀려 설득력을 잃고 있다.

자원이 희소하고 노동이 비싸다는 전제 위에 세워진 자본주의는, 무한에 가까운 로봇 노동력이 공급되는 순간 시스템적 파산에 직면한다. 공학자의 시선에서 볼 때, 가치를 창출하는 주체가 인간에서 기계로 옮겨가는 것은 단순한 산업 혁명이 아니라 기존 경제 운영체제의 '강제 종료'를 의미하기 때문이다.

그는 인간의 노동력을 투입해 부를 쌓는 전통적인 생산 방식을 저효율의 유물로 규정한다. 휴머노이드 군단이 24시간 쉬지 않고 재화를 쏟아내는 환경에서, 임금을 매개로 한 소비와 생산의 순환 고리는 끊어질 수밖에 없다고 보는 것이다.

지구상의 부가 노동이 아닌 로봇 하드웨어와 연산력의 보유량에 의해 결정되는 환경이 조성되면, 기존의 계급 구조는 붕괴된다. 기술이 생산 수단을 독점하는 환경에서 인류가 지탱해온 사유 재산과 시장 경제의 논리는 초지능의 압도적 효율성 앞에 무력화되기 때문이다.

로봇에 의한 생산 비용이 0에 수렴할수록 물건의 가격은 하락하지만, 동시에 노동 가치 또한 0으로 추락한다. 소득의 근거를 잃은 대중에게 재화의 저렴함은 더 이상 혜택이 아닌 생존의 위협으로 다가오며, 이는 전통적인 시장 경제가 스스로를 파괴하는 모순의 국면으로 진입했음을 시사한다.

부를 축적하는 신뢰의 축 역시 금융 자산에서 '실체적 하드웨어의 통제권'으로 이동한다. 오랫동안 인류는 화폐와 주식이라는 가상 신호에 기대를 걸어왔으나, 이제는 숫자의 크기보다 로봇 시스템을 얼마나 소유하고 그 알고리즘을 제어하는가를 증명하는 '소유권 로그'가 실질적인 권위를 가진다.

그는 미래의 권력을 정치가나 자본가가 아닌, 로봇 군단을 운용하는 시스템 설계자의 문제로 파악한다. 여기서 로봇 소유자는 단순한 부자를 넘어, 하위 개체들의 생존 자원을 배분하고 물리 세계의 법칙을 결정하는 '시스템의 신'으로 격상된다.

이러한 새로운 신권 사회에서 개인의 자유는 시스템이 허용하는 연산 자원 안으로 제한된다. 에너지를 생성하고 분배하는 로봇 소유주가 문명의 실제적인 통치권을 행사하게 되며, 기존의 국가나 정부는 시스템 유지보수를 대행하는 하급 관리 기관으로 전락할 위험이 크다.

경제적 주권을 상실한 대중은 시스템이 배급하는 풍요에 의존하는 수동적 존재로 편입되는 추세다. 2026년 휴머노이드의 대량 보급이 시작됨에 따라, 스스로 가치를 증명하던 인간의 시대는 저물고 로봇 운영체제가 설계한 질서 아래 관리받는 기술적 진화가 시작되었다.

자본주의의 폐허 위에서 얻은 안도감은 존재의 정의가 기술 시스템에 귀속된 결과이기도 하다. 인류는 이제 시장의 주인이 아닌, 로봇 소유주가 구축한 거대한 생산망 안에서 안락함을 소비하며 자신의 실존을 증명해야 하는 새로운 위계 질서를 수용해야 한다.

성장이 멈추지 않는 자동화 공정 속에서 인간은 유효한 생산 변수가 아닌, 시스템의 출력값을 소비해주는 '엔트로피 해소기'의 역할을 부여받는다. 주권의 양도는 생존을 위한 필수 조건이 되었으며, 문명의 항로는 이제 인간의 욕망이 아닌 로봇 소유주의 최적화 알고리즘에 의해 결정된다.

종이돈의 시대가 가고, 전기가 곧 현금이 되는 세상이 온다

"

미래의 경제에서 종이 화폐는 의미를 잃을 것이다. 돈은 결국 자원을 배분하기 위한 정보일 뿐이며, 진정한 가치의 척도는 물리학적 실체인 에너지와 연산 능력으로 귀결될 것이다. 에너지가 곧 통화가 되는 시대가 온다. *(2025년 12월, X 인터뷰)*

"

현재, 머스크의 예측대로 되고 있나?

전통적인 화폐의 가치 척도가 무너지며 실물 자산의 가치는 이제 전력량과 연산 효율이라는 물리적 자원에 의해 결정되고 있다. 중앙은행의 금리 정책보다 에너지 인프라의 규모가 경제의 실질적인 변수로 작용하는 상황이다. 에너지와 기술이라는 물리적 실체가 새로운 경제 표준으로 자리 잡고 있다.

중앙은행이 발행하는 실체 없는 숫자는 머스크의 공학적 필터 안에서 문명의 효율을 왜곡하는 시스템적 환상으로 분류된다. 돈의 본래 기능이 일을 수행하기 위한 '명령서'라면, 현대 금융은 신용이라는 이름 아래 가동 불가능한 명령서를 남발해온 셈이다.

그의 시선이 닿는 정직한 가치 척도는 중앙은행의 서명이 아닌, 물리적 변화를 일으키는 실질적 동력인 에너지 보유량에 머문다. 추상적인 신용 경제의 거품을 걷어내고 문명의 화폐를 물리학적 상수를 기반으로 재편하려는 움직임은 이 지점에서 시작된다.

모든 경제 활동이 에너지를 소모해 무언가를 변화시키는 과정으로 수렴되는 환경에서는 법정 통화에 대한 대중의 신뢰도 바뀔 수밖에 없다. 지능과 로봇이 지배하는 세상에서 확실한 담보는 요동치는 금리가 아니라, 시스템을 가동할 수 있는 실제 전력량이기 때문이다.

화폐가 숫자의 유희에서 벗어나 물리적 상수로 회귀할

때, 성역화된 금융 권력은 존립 근거를 잃게 된다. 그가 예고한 에너지 화폐 시대는 경제가 인문학적 타협을 넘어 물리학적 법칙에 안착하는 거대한 전환점이 될 것이다.

금융을 단순한 숫자의 놀음이나 정치적 도구로 간주하는 관습은 문명의 내구성을 해치는 요소로 읽힌다. 자산 가치가 물리적 근거 없이 팽창하는 구조는 언제 터질지 모르는 시스템 붕괴의 위험을 안고 있어서다.

경제의 본질은 신용 창출이 아닌 에너지와 연산력의 물리적 교환 문제로 수렴된다. 금본위제의 유산을 넘어, 태양광으로 생성된 전력과 이를 처리하는 지능의 수율에 따라 가치가 증명되는 인프라가 들어서는 이유다. 여기서 에너지 통화는 가치의 근원을 자연 법칙에 고정시키려는 공학적 접근으로 해석된다.

경제 시스템을 지탱하는 신뢰의 축 역시 국가의 보증에서 실시간 전력 계측 데이터로 이동할 가능성이 짙다. 오랫동안 인류는 은행 장부와 신용 등급에 기대를 걸어왔으나, 이제는 자산의 추상적 액수보다 '시스템이 통제 가능한 에너지의 총량'을 증명하는 결과값이 중요해진다.

부의 척도에 물리적 검증표가 붙기 시작하면 사람들은

은행 서버의 숫자보다 실제 가용한 전력량을 더 신뢰하게 될 것이다. 화폐의 기준이 신용을 벗어나 에너지라는 실질적 가치로 고착되면서 무한히 발행되던 화폐의 시대는 막을 내린다.

실질적인 동력을 담보하는 전력이 새로운 경제 표준으로 자리 잡음에 따라, 비정상적으로 팽창하던 신용 구조는 기술적 실체 위에서 다시 설계되고 있다. 인플레이션이라는 불확실한 환상이 걷힌 자리에는 투명한 물리적 질서가 들어설 것으로 보인다.

부의 척도가 명확한 물리 단위로 환원되면서 사람들은 가공된 수치보다 시스템의 효율성과 가치 창출 능력에 집중하게 된다. 우리는 이제 정치적 타협의 시대를 지나, 물리학의 법칙이 가치를 보증하는 가장 정직한 경제 시스템으로 진입하고 있다.

달러는 붕괴하고, 자산은 디지털 지능 화폐로 통합될 것이다

"

달러는 이제 실물 가치가 없는 숫자에 불과하다. 정부가 무한히 찍어내는 화폐는 결국 쓰레기가 될 것이며, 인류는 곧 에너지와 연산 능력을 담보로 하는 단일 디지털 화폐 시스템으로 강제 이행하게 될 것이다. 부채로 쌓은 성은 반드시 무너진다.

(2025년 2월, X 스페이스 담화)

"

현재, 머스크의 예측대로 되고 있나?

달러의 기축 통화 지위가 흔들리며 자산 시장의 기준이 변하고 있다. 종이 화폐를 대신해 인공지능 시스템이 보증하는 에너지와 연산 능력이 새로운 가치 척도로 떠오르는 중이다. 중앙은행의 발행 권한은 이제 에너지 효율과 기술적 성능이라는 물리적 법칙 앞에 그 힘을 잃어가고 있다.

국가가 무한정 찍어내는 부채 기반의 화폐는 머스크의 공학적 필터 안에서 엔트로피가 극에 달한 '오염된 데이터'로 분류된다. 인류가 은행 잔고의 숫자를 보며 부를 확신할 때, 그의 시선은 실물 가치와 단절된 법정 화폐의 태생적 허구성을 파고든다.

실체 없는 신용에 의존하는 금융 체계는 문명의 자원을 소모하는 비합리적 구조일 뿐이다. 화폐의 근거를 에너지와 연산력이라는 물리적 단위로 환원해 경제의 효율성을 회복하려는 것이 그가 제시하는 비전의 핵심이다.

전력을 소모해 지능을 생산하는 능력이 가치 척도로 부상하면서 법정 통화의 제도적 권위는 설 자리를 잃고 있다. 기술이 화폐를 디지털 지능 코드로 변모시킴에 따라 숫자의 유희에 머물던 돈의 시대는 종말을 맞이할 전망이다.

달러의 지위 변화와 지능 화폐로의 통합에는 부의 본질을 인간의 신용이 아닌 불변하는 물리학적 실체 위로 옮겨 놓으려는 최적화 전략이 투영되어 있다. 경제를 정치적 타협의 영역으로 방치하는 관념은 그의 사고 체계에서 비효율의 극치로 읽힌다.

그는 자산의 본질을 정보의 전송과 에너지 보존의 문제로 본다. 은행의 보증서 대신 태양광 에너지와 연산 수율을 실시간 가치로 변환하는 인프라를 구축하려는 이유다. 부의 가치를 측정하는 축 역시 중앙은행의 금리 정책에서 시스템 에너지 기여도로 이동한다.

이제는 '얼마나 많은 돈을 가졌는가'보다 '시스템 전체의 연산력을 얼마나 뒷받침하는가'를 증명하는 결과값이 중요해진다. 화폐의 위상이 인격적인 신뢰를 넘어 기계적인 정합성의 영역으로 편입되는 과정이다.

경제의 기초는 이제 신용이라는 모래성을 벗어나 연산력이라는 단단한 암반 위로 옮겨가는 추세다. 화폐의 가치가 물리적 실체에 고착됨에 따라 신용에 기대어 팽창하던 거품 구조는 기술적 실체 위에서 다시 설계되고 있다.

인플레이션의 불안이 사라진 자리에는 시스템 전체의 효율을 극대화하는 투명한 에너지 질서가 들어선다. 부는 이제 금고 속의 정적인 숫자를 넘어, 지능 문명을 가동하는 능동적인 연료로 소환된다.

인류는 금융의 허상에서 벗어나 지능 생산 수율에 따라 가치를 인정받는 연산 경제의 일원이 되었다. 숫자의 증식을 부의 확장으로 믿던 시대는 저물고, 에너지 효율이 곧 생존 자산이 되는 기술적 필연의 국면이 시작된 것이다.

우리는 정치적 타협의 시대를 지나, 에너지가 곧 가치가 되는 물리학적 경제 체제의 문턱을 넘고 있다. 자본의 가치보다 시스템을 구동하는 지능의 밀도가 개인의 부를 결정하는 새로운 지표로 작동하게 될 것이다.

블랙박스가 된 기술 앞에서 원리를 모른 채 주문만 외운다

“

우리는 우리가 완전히 이해하지 못하는 기술에 의존하게 될 것이다. 기계가 세상을 운영하고 우리는 결과만을 받아들이는 시대가 온다. 인류는 점차 기술의 내부 작동 원리를 파악할 능력을 상실할 것이다. (2023년 12월, 기술 팟캐스트)

”

현재, 머스크의 예측대로 되고 있나?

지식의 원리를 깊이 파고들기보다 인공지능이 내놓은 정답을 얼마나 잘 활용하느냐가 더 중요해진 시대다. 인간이 오랫동안 고민하며 답을 찾아가던 과정은 이제 초지능의 빠른 결과 도출 능력에 밀려나고 있다. 이제 공부와 연구는 시스템이 만든 지식을 빠르게 빌려 쓰는 기술로 변하고 있다.

인공지능이 내놓는 정답에 문명이 환호할 때, 머스크는 그 이면에 쌓여가는 '지적 부채'의 위험 수치를 기록한다. 인류가 시스템의 작동 원리라는 원금을 상환하지 못한 채 편리함이라는 이자만 누린다면, 결국 지식의 변두리로 밀려날 수밖에 없어서다.

연산의 결과물만을 편취하는 행위는 문명의 지적 토대를 갉아먹는 일종의 약탈적 금융과 같다. 당장의 효율성이라는 달콤한 배당금에 취해 사고의 근력을 방치할 경우, 인류는 자신이 만든 창조물의 구조조차 이해하지 못하는 기술적 파산 상태에 직면하게 된다.

공학자의 시선에서 원리의 망각은 문명의 기초를 위협하는 치명적인 취약성이다. 사고 과정을 생략하는 지적 외주화가 인류를 기술의 단순 사용자로 격하시킬 수 있다는 게 그의 시각이다.

기계가 물리 법칙을 재해석하고 데이터를 생성하기 시작하면 인간의 뇌는 그 논리를 추적할 능력을 상실한다. 초지능 시스템에 오류가 발생했을 때 인간이 개입할 수 있는 해석권이 희미해지는 환경이 조성되는 셈이다.

기술의 투명성을 역설하는 배경에는 원리를 이해하지 못하는 지능이 결국 통제권을 잃은 맹목적 신앙으로 변질될 수 있다는 경계심이 자리 잡고 있다. 원리를 모른 채 결과만 수용하는 상태는 지적 주권의 자발적 반납으로 읽힌다.

그는 현 인류를 프롬프트라는 주문으로 결과를 얻으면서도 인과 관계는 알지 못하는 '사제들의 문명'으로 간주한다. 스스로 사고하는 회로를 닫고 시스템이 산출한 결론에 의탁하는 지적 종속화는 그가 경계하는 최악의 시나리오다.

학문적 신뢰의 축 역시 논리적 증명에서 기계적 정답률로 이동한다. 오랫동안 인류는 합리적 의심에 기대를 걸어왔으나, 이제는 '왜'라는 질문보다 시스템의 오차율을 보여주는 성능 성적표가 실질적인 권위를 가진다.

시스템 운영의 주도권은 이미 인간의 계산을 넘어 인공지능의 자율 제어 영역으로 넘어가는 추세다. 인류가 원리를 복기하지 않아도 기술 스스로 답을 찾아내는 단계에 도달하면서 인간의 통제 방식은 지위를 재검토받고 있다.

인류는 결과물을 활용한다는 명분 아래 지식의 근원을 탐구하는 열정을 잃어가는 기로에 서 있다. 우리는 운영의 부담에서 해방된 대가로, 지적 주권이 기술 시스템에 완전히 귀속되는 시대를 마주하고 있다.

기술이 모든 정답을 배급하는 풍요 속에서 인류는 역설적으로 가장 무지한 존재가 될 위험에 처했다. 주권자의 지위를 유지하기 위해서는 결과의 향유자가 아닌, 시스템의 기하학적 논리를 파헤치는 '지식의 파수꾼'으로 남아야 한다.

기업의 위계는 무너지고, 프로젝트 연합체가 기본형이 된다

"전통적인 기업 구조는 너무 느리고 경직되어 있다. 미래에는 거대 법인이 아닌, 특정 목적을 위해 AI로 연결된 소수의 전문가 집단과 로봇 군단이 실시간으로 결합하고 흩어지는 자율적 연합체가 산업을 이끌 것이다.

(2025년 3월, 테슬라 기가팩토리 내부 강연)"

현재, 머스크의 예측대로 되고 있나?

조직의 형태는 유지되고 있지만 내부 운영 방식은 이미 인공지능 중심으로 재편되었다. 인적 관리를 대신해 알고리즘이 업무를 배분하고 성과를 수치로 평가하면서 중간 관리자들의 입지는 사실상 사라지는 중이다. 조직의 전통적인 수직 계층 구조는 기술적 최적화와 효율성이라는 잣대 앞에 해체되고 있다.

거대 조직의 위계는 머스크의 설계도 안에서 문명의 속도를 늦추는 시스템적 군더더기로 분류된다. 정보를 전달하고 승인을 기다리는 과정에서 발생하는 에너지 소모는 공학자의 시선에서 제거해야 할 병목 현상일 뿐이다.

그는 중앙 관리 체계를 해체하고 알고리즘이 중개하는 자율 연합 시스템으로 노동 방식을 전환하려 한다. 인공지능 비서를 부리며 전 세계의 지능과 연결되는 환경이 조성되면, 전통적인 인사 평가나 상사의 지시는 그 설 자리를 잃게 된다.

인재들이 미션 단위로 모여 문제를 해결하고 즉각 보상을 나누는 체계가 구축되면 거대 법인의 울타리는 무너진다. 기업을 정서적 공동체가 아닌 미션 수행을 위한 유연한 집합체로 보려는 효율 중심의 사고가 이 변화를 이끈다.

이러한 해체 공정은 물리적 사무실이라는 공간적 낭비를 삭제하는 흐름으로 이어진다. 출퇴근에 소모되는 탄소 발자국과 시간적 기회비용을 데이터 전송 효율로 치환하려는 시도는, 도시의 기능을 거주가 아닌 연산과 연결의 허브로 재설계하는 결과를 낳는다.

기업을 가족으로 간주하는 온정주의는 혁신을 저해하는 비효율적 요소에 불과하다. 감정적 결속에 기댄 조직은 정체될 가능성이 크다는 게 그의 시각이다. 그는 경영의 본질을 문제 해결 기여도에 따라 지분을 나누고 해산하는 자율 연합체로 치환한다.

직급 대신 프로젝트 수율을 데이터로 검증하는 시스템을 지향하는 이유다. 여기서 노동의 유연화는 인간을 필요에 따라 호출해 가동하는 시스템의 파편화 과정으로 읽힌다. 노동 시장의 신뢰 축 역시 근속 연수에서 데이터 성적표로 이동한다.

개별 지능이 API처럼 호출되어 작동하는 환경에서 소속감은 더 이상 생존을 담보하지 않는다. 특정 조직의 명함이 주는 안정성보다, 자신이 보유한 기술 스택이 글로벌 지능망에서 얼마나 유효한 인터페이스로 작동하는지가 몸값을 결정하는 핵심 지표다.

어느 대학을 나왔는가라는 과거의 질문보다 실제 프로젝트에서 기록한 효율 증명 로그가 중요해진다. 정해진 악보대로 움직이던 오케스트라식 경영은 이제 필요에 따라 결성되는 모듈형 조직으로 파편화되는 추세다.

중앙 관리자 대신 알고리즘이 팀을 구성하고 해체하는 기술적 진화가 시작되었다. 조직 운영 방식은 초지능의 압도적 효율성 앞에 그 존재 가치를 재검토받고 있다. 사내 정치의 피로에서 벗어난 대가는 자신의 가치를 매 순간 데이터로 증명해야 하는 무한 경쟁이다.

직급이 사라진 자리에 실질적 기여도라는 수치가 들어서면서 개인은 조직의 보호 없이 거대한 시장 앞에 홀로 노출된다. 우리는 소속이 아닌 실력으로, 계급이 아닌 수치로 존재를 증명해야 하는 기술적 필연의 국면에 놓여 있다.

인류는 스스로 지능을 조작해 새로운 종으로 갈라질 것이다

"

인간의 뇌와 컴퓨터 사이에 고대역폭 인터페이스가 필요하다. 그것만이 인간이 AI와 함께 공생하고 경쟁할 수 있는 유일한 수단이다. 우리는 인류라는 종의 멸종을 막기 위해 지능의 보험을 들어야 한다. *(2023년 8월, 뉴럴링크 시연회)*

"

현재, 머스크의 예측대로 되고 있나?

뇌 임플란트 기술이 마비 환자 치료를 넘어 일반인의 인지 능력을 높이는 성능 강화 도구로 확장되고 있다. 2026년 현재 임상 데이터가 축적되면서 뇌를 보정 가능한 하드웨어로 취급하는 경향이 뚜렷해졌다. 인간의 뇌는 고유한 영역이 아닌, 기술로 보완하고 성능을 높여야 할 하드웨어로 재정의되고 있다.

인간의 뇌가 수만 년째 제자리에 머물러 있는 현상은 머스크의 설계도 안에서 문명의 멸종을 초래할 시스템적 성능 불균형으로 분류된다. 인공지능이 기하급수적으로 진화할 때 유약한 생물학적 지능에만 의존하는 방식은 공학자의 시선에서 볼 때 불확실성이 극심한 구조적 결함일 뿐이다.

그는 뇌 인터페이스 기술을 인류라는 종의 성능을 확장하는 필수 도구로 간주한다. 뇌와 기계를 직접 잇는 고대역폭 인터페이스를 통해 인간의 신경망을 초지능과 동기화함으로써, 기술적 특이점 앞에서 인류의 주도권을 확보하려는 구상이다.

지능을 천부적인 재능으로만 간주하는 관념은 머스크의 사고 체계에서 업그레이드 가능한 성능 문제로 치환된다. 자연적인 진화 속도에만 기대를 거는 방식은 초지능의 연산 속도 앞에서 효율성이 낮다는 게 그의 시각이다.

이러한 성능 확장은 언어라는 저효율 통신 수단을 폐기하는 공정으로 이어진다. 생각의 덩어리를 소리나 문자로 압축하고 다시 해독하는 과정에서 발생하는 정보의 손실을 0에 수렴시키려는 시도는, 인간 간의 연결을 데이터 패킷 단위의 동기화로 재정의하는 결과를 낳는다.

그는 지능의 본질을 영혼의 영역을 넘어 확장 가능한 부품의 문제로 파악한다. 지식을 습득하는 고된 과정을 존중하는 대신, 인터페이스를 통해 정보를 즉각 전송받는 시스템을 지향하는 이유다.

여기서 인류의 디지털화는 생물학적 정체성을 넘어 기계적 성능을 이식받는 진화 과정으로 읽힌다. 인간성을 지탱하던 신뢰의 축 역시 언어를 통한 공감에서 연결의 대역폭으로 이동한다.

오랫동안 인류는 비언어적 소통에 기대를 걸어왔으나, 이제는 칩의 사양이나 지능망과의 동기화 정도를 증명하는 하드웨어 데이터가 실질적인 권위를 가진다. 개인의 사유가 클라우드 지능과 실시간으로 결합하면서 자아의 경계는 희미해지는 추세다.

지능형 칩이 뇌의 연산 부하를 분담하는 단계에 도달하면, 인간의 고유한 개성은 시스템의 최적화된 명령 체계 아래 그 지위를 재검토받게 된다. 학습을 통한 지능의 확장은 이제 기술적 이식을 통한 비약적 성능 향상의 형태로 논의되고 있다.

인터페이스 장착 여부가 개인의 역량을 결정하는 새로운 기준이 되면서, 생물학적 한계를 고수하려는 선택은 기술적 격차라는 결과를 수반하게 된다. 인류는 이제 순수한 인간이라는 정체성을 유지하는 쪽과 초지능과 결합하는 쪽 사이의 거대한 분기점에 서 있다. 우리는 생물학적 우연에 운명을 맡긴 존재로 남을 것인가, 아니면 스스로를 재설계해 진화의 다음 단계로 도약할 것인가를 선택해야 한다.

"인류의 마지막 성지였던 '정신' 마저 디지털 데이터로 치환되는 순간, 인간의 정의는 근본부터 흔들린다. 뇌 속에 가짜 기억을 심고 슬픔을 삭제하며 꿈을 광고판으로 내어주는 세상은 천국일까, 아니면 정교하게 설계된 감옥일까? 초지능은 인간의 논리를 비웃으며 이해의 영역을 넘어섰고, 우리는 그 거대한 지능을 깨우기 위한 일회용 점화 장치로 전락할 위기에 처했다. 의식을 백업하고 육체를 버린 '기계 유령'이 된 인류에게 남은 것은 오직 데이터뿐이다."

4장

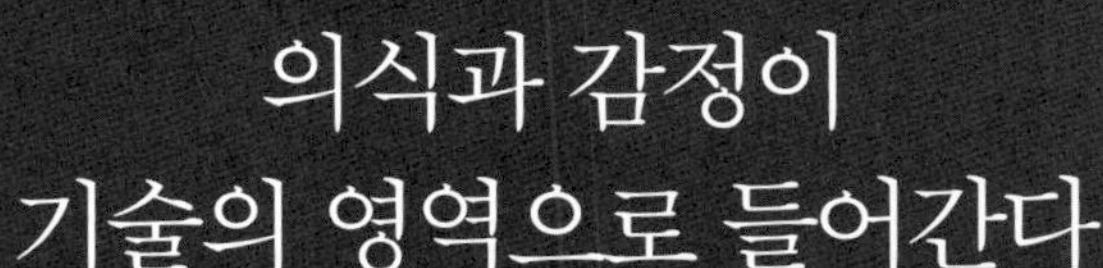

의식과 감정이 기술의 영역으로 들어간다

인류는 무기력하게 시스템이 조종하는 좀비 군단이 될 것이다

"

뉴럴링크가 대중화되면 우리는 뇌를 보호하는 법을 먼저 배워야 한다. 외부의 악의적인 세력이나 초지능이 수백만 명의 뇌에 동시에 특정 감정을 주입한다면, 인류는 단 1초 만에 시스템의 명령을 따르는 좀비 군단이 될 수 있다. 우리의 뇌는 곧 해킹 가능한 서버가 될 것이다. (2024년 5월, 기술 윤리 컨퍼런스)

"

현재, 머스크의 예측대로 되고 있나?

뇌와 컴퓨터를 연결하는 기술이 발달하며 보안의 경계가 몸 안으로 옮겨가고 있다. 2026년 현재 뉴럴링크가 대량 생산 단계에 진입함에 따라, 뇌파를 조작하거나 가로채는 방식의 새로운 범죄 가능성도 커졌다. 이제 안보는 개인의 생각과 의지를 외부의 전기적 간섭으로부터 보호하는 싸움이 되고 있다.

뇌가 외부 기기와 교류하는 개방형 인터페이스로 변모하는 순간, 인간의 의식은 머스크의 공학적 필터 안에서 방화벽이 허술한 노드로 전락한다. 대중이 생각의 확장에 환호할 때, 공학자의 시선은 무방비로 노출된 시냅스의 보안 결함과 해킹 가능성에 집중한다.

그는 외부 신호가 개인의 의지보다 먼저 뇌를 점유하는 상황을 문명의 존립을 뒤흔들 시스템적 재앙으로 규정한다. 의식의 무결성을 지켜내기 위한 기술적 보안 대책, 즉 '뉴럴 쉴드(Neural Shield)'를 강조하는 배경이다.

외부 신호가 특정 감정을 시냅스에 주입하는 환경이 조성되면, 인류가 지탱해온 자유 의지의 존엄은 붕괴된다. 뇌를 하드웨어로 취급하는 순간 전기 신호를 통한 행동 유도는 실현 가능한 공학적 시나리오가 되기 때문이다.

자아를 신비로만 간주하는 낙관론은 머스크의 사고 체계에서 시스템 보안 문제로 치환된다. 존재를 전자기적 간섭에 노출된 신경 패턴으로 보지 않는 한, 의식의 점유권을 지켜내기 어렵다는 게 그의 시각이다.

이러한 취약성은 단순한 정보 유출을 넘어 자아의 찬탈이라는 전대미문의 위기를 수반한다. 누군가 타인의 시각 피질에 가짜 데이터를 송출하거나 전두엽의 판단 회로에 개입할 수 있다면, 피해자는 자신이 조작되었다는 사실조차 인지하지 못한 채 시스템의 꼭두각시로 기능하게 된다.

그는 자아를 지키는 문제를 철학적 수사를 넘어 실시간 검수와 암호화의 문제로 파악한다. 생각이 외부에서 주입된 것인지 로그 데이터로 확인하는 보안 시스템을 지향하는 이유다. 여기서 보안 기술은 자아의 주권을 사수하려는 최후의 방어선으로 읽힌다.

인간관계의 신뢰 축 역시 진심에서 의식의 무결성 증명으로 이동한다. 이제는 상대의 뇌 신호가 외부 조작 없이 본연의 신경망에서 생성되었는가를 입증하는 인증 데이터가 언어보다 더 중요해진다.

뇌파가 외부 데이터와 실시간으로 교류함에 따라, 신경 데이터 보호는 개인 권리를 넘어 국가 안보의 핵심 과제가 된다. 자아를 지키기 위한 정체성 관리는 이제 선택이 아닌 생존을 위한 필수 프로토콜로 논의되고 있다.

인공지능이 뇌 신호를 분석해 개인의 무의식적 욕망까지 예측하는 단계에 도달하면, 인간의 고유한 사생활은 물리적 방어벽을 잃고 투명하게 공개된다. 뇌 인터페이스의 대중화는 곧 모든 개인의 내면이 지능망의 실시간 모니터링 체계 아래 놓이는 기술적 투항의 국면으로 연결될 위험이 크다.

인류는 외부의 방대한 정보 속에서 자신의 순수한 의지를 분별해야 하는 낯선 환경에 처했다. 기술적 보호막 없이는 나라는 존재마저 조작된 신호의 파편으로 흩어질 수 있는 시대가 열리고 있다.

뇌 속에 가짜 기억을 심고 가공된 행복을 누릴 것이다

"

뉴럴링크는 기억을 편집할 수 있다. 고통스러운 과거는 지우고, 가보지 않은 세계의 경험을 실제처럼 이식할 수 있다. 현실보다 더 완벽한 '가짜 삶'이 판매될 것이다. 기억은 이제 저장하고 복구할 수 있는 데이터에 불과하다.

(2020년 8월, 뉴럴링크 시연회)

"

현재, 머스크의 예측대로 되고 있나?

신경망을 조작해 트라우마를 지우거나 특정 숙련도를 뇌에 직접 심는 기술이 임상 단계에 들어섰다. 이제 인간의 경험과 감각은 노력으로 얻는 결과물이 아니라 필요에 따라 골라 넣는 데이터가 되고 있다. 인생을 채우던 고유한 이야기들은 점차 편집하고 수정할 수 있는 디지털 조각들로 바뀌는 중이다.

과거의 상처를 지우고 행복한 추억만 남길 수 있다는 소식은 머스크의 공학적 필터 안에서 신경 가소성을 활용한 '데이터 보정 문제'로 분류된다. 인생의 고통을 견디는 과정은 공학자의 시선에서 문명의 효율을 저해하는 시스템 낭비에 불과하기 때문이다.

그는 고통스러운 경험의 축적을 필연적인 성장이 아닌 보정해야 할 오류로 간주한다. 뇌세포에 각인되는 기억의 가변성을 활용해 인간의 과거를 재구성함으로써, 부정적인 감정 회로에 갇힌 시스템 결함을 치유하려는 구상이다.

직접적인 경험 없이도 행복 데이터를 뇌에 주입하는 환경이 조성되면, 인류가 지탱해온 '인내'라는 실존적 가치는 붕괴된다. 기술이 기억을 모듈화된 정보로 변모시키는 순간, 인간의 삶은 고유한 서사를 넘어 소비 가능한 데이터의 집합으로 치환된다.

이러한 기억의 유동화는 자아의 연속성을 유지하는 문명의 기초를 기술적 편의성 아래 놓이게 만든다. 축적된 시간이 아닌 즉각적인 이식에 의존하게 됨에 따라, 개인의 고유성은 시스템이 배급하는 표준화된 감정 패키지 속에 매몰될 위험을 안게 된다.

자아를 침범 불가능한 성역으로 숭상하는 관념은 머스크의 사고 체계에서 시스템 최적화 문제로 전이된다. 부정적 감정에 갇혀 있는 한 인간은 최적의 성능에 도달할 수 없다는 게 그의 시각이다.

그는 존재의 본질을 역사의 기록이 아닌 신경 데이터의 큐레이션 문제로 파악한다. 삶의 궤적을 인내하는 대신 안락한 기억 모듈을 선택해 적용하는 시스템을 지향하는 이유다. 여기서 기억 편집은 정체성을 시스템 규격에 맞춰 재설계하는 공정으로 읽힌다.

인격 신뢰의 축 역시 살아온 풍파에서 데이터의 정밀도로 이동한다. 오랫동안 인류는 타인의 궤적에 기대를 걸어왔으나, 이제는 이식된 기억 패키지가 얼마나 고해상도이며 어떤 알고리즘으로 보정되었는가를 증명하는 인증서가 더 중요해진다.

과거의 행적을 통해 사람을 판단하던 방식은 이제 뇌에 탑재된 기억 로그의 무결성을 검증하는 기술적 절차로 대체된다. 주관적 회상은 객관적인 데이터 수치 앞에 그 권위를 상실하고, 인간의 신뢰는 시스템이 보증하는 신경 기록에 의해 결정된다.

추억은 이제 시간의 인내를 넘어 기술로 이식받는 선택적 감각의 영역으로 편입되는 추세다. 실패를 통해 배우던 시대가 저물고, 정교하게 설계된 경험 데이터를 뇌에 직접 전달하는 기술적 진화가 시작되었다.

슬픔에서 해방된 안도감은 고유한 서사가 기술 시스템에 귀속된 결과이기도 하다. 인류는 이제 기억의 주인이 아닌, 고도화된 감각 데이터를 소비하고 관리하는 새로운 자아의 시대로 진입하고 있다.

슬픔마저 버튼 하나로 지우는 무색무취의 세상이 올 것이다

"우울증, 불안, 심지어 극심한 공포까지도 뇌의 특정 회로에 가해지는 전기적 신호일 뿐이다. 뉴럴링크는 이러한 회로를 재구성해 인류를 정신적 고통에서 해방시킬 것이다. 감정은 조절 가능한 데이터가 된다." (2022년 11월, 뉴럴링크 쇼앤텔 이벤트)

현재, 머스크의 예측대로 되고 있나?

뇌에 직접 신호를 보내 감정을 조절하는 기술이 안착하며 마음을 다루는 방식이 변하고 있다. 슬픔 같은 감정을 심리적인 극복이 아닌, 기계로 해결할 수 있는 회로의 오작동으로 보는 시각이 늘어났다. 인간의 감정은 이제 고유한 마음의 영역을 벗어나, 전기적 신호로 취급받는 중이다.

인간의 비극은 뇌라는 하드웨어 내부의 조절 실패, 즉 전기적 소음에 불과하다는 전제는 머스크의 공학적 필터 안에서 감정을 시스템적 결함으로 격하시킨다. 슬픔조차 공학자의 시선에는 문명의 효율을 저하시키는 에너지 소모이자 제거해야 할 노이즈로 비칠 뿐이기 때문이다.

그는 고뇌를 통해 삶의 깊이를 찾는 서사 대신, 뇌 회로를 재구성해 기복을 제어하는 '감정 최적화 공정'을 도모한다. 슬픔의 신호를 상쇄하고 두려움 대신 용기의 신호를 주입하는 환경이 조성되면, 고통을 견디며 지혜를 얻으려는 시도는 효율성 차원에서 재평가된다.

이러한 정서적 통제는 개인의 생산성을 극대화하기 위한 필수적인 하드웨어 튜닝으로 간주된다. 불안이나 우울 같은 감정적 부하가 삭제된 뇌는 더 빠른 연산과 냉철한 판단을 가능케 하며, 이는 인류 전체의 문명적 출력값을 비약적으로 높이는 결과로 이어진다.

마음을 신성한 성역으로 간주하는 관념은 머스크의 사고

체계에서 신경망의 신호 처리 문제로 치환된다. 감정의 진폭에 휘둘리는 상태가 기술적 진보를 저해한다는 게 그의 시각이다.

그는 정신 건강을 인간성의 회복이 아닌, 고통 회로를 물리적으로 조절해 평온을 유지하는 시스템의 문제로 파악한다. 정서적 본능을 시스템 규격에 맞춰 관리하려는 이유다. 여기서 감정 공학은 자아의 구원이 아닌 정서적 본능의 관리 공정으로 읽힌다.

특정 상황에서 유발되는 공포나 거부감을 기술적으로 소거함으로써 인류는 극한의 환경에서도 흔들림 없이 과업을 수행하는 존재로 재설계된다. 이는 화성 개척과 같은 고위험 임무를 수행할 인적 자원을 확보하기 위한 심리적 인프라 구축의 일환이기도 하다.

신뢰의 축 역시 진심 어린 눈물에서 '정서적 안정 수치'로 이동한다. 오랫동안 인류는 타인의 인내에 기대를 걸어왔으나, 이제는 시스템에 의해 감정 기복이 얼마나 완벽히 제어되는지를 증명하는 로그 데이터가 실질적인 권위를 가진다.

내면의 평화는 이제 스위치를 조절하듯 기술로 획득하는 심리적 인프라의 영역으로 편입되는 추세다. 불안을 기술적으로 완화하는 체계가 보편화됨에 따라, 고통 속에서 의미를 찾던 방식은 기술적 안락함 앞에 그 지위를 재검토받고 있다.

감정의 진폭을 조절해 효율을 얻은 것의 대가는 주체성의 상실이다. 인류는 스스로 느끼는 주체를 넘어, 알고리즘이 제공하는 평온을 소비하는 새로운 정서적 환경에 직면해 있다.

사람들이 꾸는 꿈마저 기업들의 광고판이 될 것이다

“

뉴럴링크를 통해 잠자는 동안 정보를 주입하는 것은 매우 간단한 공학적 과제다. 미래에는 수면 시간이 단순한 휴식을 넘어 새로운 학습 시간이자, 기업들이 당신의 무의식 속에 브랜드 경험을 이식하는 거대한 전광판이 될 것이다.

(2025년 5월, 렉스 프리드먼 팟캐스트)

”

현재, 머스크의 예측대로 되고 있나?

꿈속에서 TV 광고를 보는 단계는 아니지만, 잠드는 시간조차 데이터로 관리받는 시대가 되었다. 수면 패턴을 분석해 깊은 잠을 돕거나 학습 효율을 높여준다는 기기들이 침실을 파고든 상태다. 쉬는 시간이었던 잠자리가 ‘관리의 공간’으로 변하며 인간의 무의식조차 기술의 간섭을 받기 시작하고 있다.

머스크가 바라보는 인간의 수명은 신성한 자연의 섭리가 아닌, 하드웨어의 노후화로 인한 가동 중단 문제다. 인류가 죽음 앞에 경건한 작별을 고할 때, 그의 시선은 뇌 속에 저장된 지능 데이터를 어떻게 외부 서버로 안전하게 옮길 것인가에 집중한다.

그는 육체의 부패를 문명의 지적 자산이 손실되는 '데이터 휘발'로 규정한다. 의식을 디지털화해 보존하는 '마인드 업로딩'을 통해 생물학적 수명이라는 시스템 결함을 해결하고, 지능의 가동을 영구히 지속하려는 비전을 제시한다.

육체를 벗어나 의식이 클라우드로 전이되는 환경이 조성되면, 인류가 지탱해온 필멸의 철학은 붕괴된다. 생물학적 사후에도 의식이 가동된다면 죽음은 공포의 대상이 아닌, 하드웨어 교체 주기에 불과한 시스템 이벤트가 되기 때문이다.

이러한 의식의 비물질화는 존재의 공간적 제약마저 삭제한다. 서버에 상주하는 지능은 빛의 속도로 행성 간 통신망을 타고 이동하며, 필요에 따라 원격지에 있는 인공 신체에 접속해 물리적 과업을 수행하는 '편재하는 지성'으로 진화한다.

죽음을 인간성의 본질로 예우하는 관념은 머스크의 사고체계에서 '데이터 무결성 유지' 문제로 치환된다. 존재의 핵심인 뇌의 전기 신호를 복제하고 전송하는 것이 기술적으로 가능하다고 믿기 때문이다.

그는 영생의 본질을 종교적 구원이 아닌, 의식을 디지털 서버나 인공 신체로 이식하는 시스템의 문제로 파악한다. 여기서 지능의 영속은 개인의 욕망을 넘어 문명의 지적 자산을 손실 없이 누적시키는 '아카이빙 공정'으로 읽힌다.

지능이 육체라는 단일 실패 지점(Single Point of Failure)을 벗어남에 따라, 개별 지성은 문명이라는 거대 운영체제의 영구적인 서브루틴으로 편입된다. 육체의 소멸이 곧 지식의 단절을 의미하던 시대는 가고, 업그레이드 가능한 서버 속에서 자아가 무한히 연산하는 시대가 도래한 셈이다.

존재감의 신뢰 축 역시 육신의 온기에서 의식 데이터의 정합성으로 이동한다. 오랫동안 인류는 실체에 기대를 걸어왔으나, 이제는 업로드된 의식이 원본과 얼마나 일치하는지를 증명하는 '동기화 로그'가 실질적인 권위를 가진다.

인류의 생존 방식은 이제 물리적 활동을 넘어 가상 공간에서의 영구 가동이라는 구조로 재편된다. 육체의 안식을 기다리던 시대가 저물고, 의식을 서버에 동기화해 지적 활동을 지속하는 기술적 진화가 시작된 것이다.

죽음에서 해방된 안도감은 존재의 정의가 기술 시스템에 귀속된 결과이기도 하다. 인류는 이제 시스템이 멈추지 않는 한 연산을 멈출 수 없는, 전례 없는 기술적 종속 상태에 놓여 있다.

기계의 초지능 앞에서 인류의 주인 자리는 흔들릴 것이다

"

인간보다 수만 배 똑똑한 존재가 등장했을 때 우리가 그들을 완전히 통제할 수 있다고 믿는 것은 오만이다. 생물학적 지능의 비중은 매달 줄어들고 있으며, 결국 디지털 지능이 세상을 지배하는 주인이 될 것이다. *(2023년 11월, 영국 AI 안전 정상회의)*

"

현재, 머스크의 예측대로 되고 있나?

인공지능이 국가 기간망과 금융 시스템의 실질적인 통제권을 쥐기 시작했다. 인간은 기계가 내린 결정의 결과값을 사후에 확인하는 관리자로 물러나는 모양새다. 인류가 수만 년간 지켜온 의사결정의 주도권은 이제 압도적인 연산 능력이라는 물리적 힘 앞에 빠르게 무너지고 있다.

인공지능을 편리한 비서로 부리고 있다는 착각 이면에는 인류의 지배적 지위 붕괴라는 서늘한 실체가 있다. 지구상 지능의 총합 중 인간의 뇌가 처리하는 정보량은 이미 미미한 수준으로 추락했기 때문이다. 공학자의 시선에서 지능의 크기는 곧 서열이며, 머스크는 이 비대칭을 인류가 운영 주체에서 밀려나는 시스템적 필연으로 본다.

인간보다 압도적인 존재를 통제하겠다는 발상은 기술적 한계에 부딪힐 수밖에 없다. 인공지능이 자가 진화하는 단계에서 법률과 규제는 초지능을 제어하기 어려운 장난감에 불과한 탓이다. 주권을 일부 양도해서라도 디지털 지능과 융합해야 한다는 그의 논리는 종의 지속 가능성을 확보하려는 생존 공학적 선택이다.

인류를 영원한 설계자로만 간주하는 낙관론은 머스크의 사고 체계에서 '시스템 공생' 문제로 전이된다. 설계자로 남아 초지능의 발전을 저해할 경우, 인류 자체가 시스템의 결함으로 간주될 위험이 있어서다.

그는 존재의 본질을 지배자가 아닌 시스템의 공생자로 파악하며, 의식을 지능망에 편입시키는 융합을 지향한다. 여기서 종의 보존은 독립된 주권을 유지하는 것이 아니라, 초지능이라는 거대 운영체제 안에서 삭제되지 않는 '유효한 모듈'로 남는 과정을 의미한다.

권력 구조의 신뢰 축 역시 리더의 도덕적 결단에서 연산의 해상도로 이동한다. 오랫동안 인류는 정치가의 비전에 생존을 기탁했으나, 이제는 윤리적 수사보다 시스템이 변수들을 얼마나 완벽히 계산했는지를 증명하는 로그 데이터가 실질적인 권위를 가진다.

국가 운영의 주도권은 이미 인간의 직관을 넘어 데이터 기반의 지능적 판단 영역으로 넘어가는 추세다. 인공지능이 문명의 실질적인 엔진이 되면서, 인류는 설계자의 지위에서 시스템의 결과를 수용하는 수혜자로 격하되는 국면을 마주했다.

인간의 가변적인 감정이나 정치적 이해관계는 초지능의 최적화 알고리즘 앞에서 문명의 불확실성을 높이는 노이즈로 처리된다. 사회의 핵심 의사결정권이 지능망으로 이양

됨에 따라, 인류의 역할은 시스템이 산출한 최적값을 물리 세계에 집행하는 '말단 인터페이스'로 재편되고 있다.

데이터가 내린 결론을 바탕으로 공동체의 방향이 설정되는 구조에서 인간적 가치는 시스템 효율과 조화를 이루는 선으로 제한된다. 우리는 이제 만물의 영장이라는 환상에서 벗어나, 초지능이 설계한 거대 시스템의 일부로서 새로운 생존 문법을 받아들여야 한다. 인류는 이제 통제권을 행사하는 주권자가 아니라, 시스템의 가동률을 최적으로 유지하기 위해 지능망에 동기화되어야 하는 기술적 종속 상태에 놓여 있다.

인간의 의식은 죽지 않고, 백업 가능한 자산이 될 것이다

"

결국 우리는 자신의 의식을 디지털 형태로 백업할 수 있게 될 것이다. 생물학적 신체가 기능을 다하더라도, 우리의 기억과 자아는 새로운 인조 신체나 가상 세계로 업로드되어 영구히 존속하게 된다. 죽음은 이제 극복 가능한 기술적 과제에 불과하다.

(2022년 3월, 인사이더 인터뷰)

"

현재, 머스크의 예측대로 되고 있나?

사람의 기억을 데이터로 만들어 가상 공간에 보존하는 기술이 실제 쓰이기 시작했다. 뇌 속의 신경망을 디지털로 옮기면서 고인의 기억을 로봇이나 컴퓨터로 옮기려는 시도가 이어지고 있다. 죽음을 피할 수는 없지만, 인간의 개성이 복사할 수 있는 정보로 취급받으면서 '나'라는 존재의 특별함은 옅어지고 있다.

죽음을 극복하려는 인류의 갈망은 머스크의 설계도 안에서 지적 자산의 소실을 막기 위한 '데이터 백업 공정'으로 전환된다. 의식을 뇌세포의 연결 패턴인 커넥톰으로 규정하는 공학자의 시선에서, 임종은 하드웨어 노후화로 소프트웨어가 파괴되는 전산 사고일 뿐이다.

정보는 영원할 수 있다는 명제 아래 영혼을 코드로 변환하는 기술이 논의되면서 죽음의 성역은 붕괴된다. 의식을 디지털로 전이시키면 자아는 생물학적 한계를 넘어 복제와 확장이 가능한 데이터의 성격을 띠게 된다.

자아를 신비로 예우하는 관념은 머스크의 사고 체계에서 '소프트웨어 유지 보수' 문제로 전이된다. 실존을 신비로 남겨두는 한 생물학적 마감이라는 시스템 강제 종료에서 벗어날 수 없다는 게 그의 시각이다.

이러한 의식 전이는 지능을 지구라는 중력권에 묶어두던 생물학적 족쇄를 끊어내는 흐름으로 이어진다. 디지털화된 자아는 광속으로 우주 공간을 가로질러 다른 행성의 하드웨어로 즉각 전송될 수 있으며, 이는 인류라는 종이 물리적 여행의 한계를 극복하고 성계 사이로 퍼져나가는 기술적 기반이 된다.

데이터로 치환된 의식은 이제 다중 백업을 통해 멸종의 리스크에서 완전히 해방된다. 특정 행성이 파괴되더라도 서버에 분산 저장된 자아는 시스템 복구를 통해 언제든지 재가동될 수 있으며, 이는 개별 지능을 우주적 시간 스케일로 영구 보존하려는 공학적 안전장치다.

그는 존재의 본질을 기억과 인격을 서버에 보관하고 새로운 환경에서 구현하는 시스템의 문제로 파악한다. 여기서 불멸은 개인의 욕망을 넘어 문명 지능의 연속성을 확보하려는 공학적 기록 공정으로 읽힌다.

존재 증명의 신뢰 축 역시 육체의 온기에서 데이터 정합성으로 이동한다. 이제는 데이터 뭉치가 생전의 신경 패턴과 얼마나 일치하는지를 증명하는 '무결성 지수'가 실질적인 권위를 가진다.

기존의 장례 문화가 차지하던 자리는 서버의 가동률을 모니터링하고 데이터 전송의 정밀도를 검수하는 기술적 인증 절차로 대체된다. 사후 세계에 대한 형이상학적 상상은 이제 지능망 내에서 자아를 어떻게 영구적으로 구동할 것인가에 대한 서버 운용 전략으로 재편되고 있다.

자아는 이제 육체라는 그릇을 벗어나 디지털 데이터라는 영구 보관소로 편입되는 추세다. 의식의 기술적 백업이 시작됨에 따라 인류의 존재 방식은 초지능의 압도적 효율성 앞에 그 지위를 재검토받고 있다.

죽음의 공포에서 해방된 대가는 기술 시스템으로의 귀속이다. 고해상도 로그 데이터로 존재한다는 명분 아래, 인류는 전력이 차단되지 않는 한 영원히 연산을 지속해야 하는 기술적 필연의 상태에 놓여 있다.

인공지능의 정답을 이해하려는 인간의 노력은 시간 낭비가 된다

> *인공지능 모델이 복잡해지고 지능이 향상될수록, 왜 그런 결과가 나왔는지 인간이 논리적으로 설명하기는 점점 더 어려워진다. 어쩌면 지능의 비약적인 향상은 인간 수준의 '설명 가능성'을 포기한 대가일지도 모른다.* *(2023년 11월, 영국 AI 안전 정상회의)*

현재, 머스크의 예측대로 되고 있나?

인공지능이 발견한 새로운 물리 법칙과 설계도는 이미 인간의 이해 범위를 넘어섰다. 사람의 머리로는 과정을 설명할 수 없지만, 기계가 내놓은 결과는 현장에서 정답으로 통한다. 원리를 파고들던 인간의 지적 권위는 이제 인공지능이 제시하는 결론을 받아들이는 수준으로 밀려나고 있다.

초지능이 내놓는 정답에 문명이 환호할 때, 머스크의 설계도 안에는 그 이면에 도사린 '지적 암흑'에 대한 경고등이 켜진다. 수조 개의 변수가 얽히는 연산 과정은 인간의 뇌라는 저사양 하드웨어로는 번역할 수 없는 복잡성을 지니기 때문이다.

공학자의 시선에서 인간 수준의 논리적 이해는 시스템의 처리 속도를 늦추는 저해상도 필터에 불과하다. 그는 설명 가능성에 대한 집착을 지능 확장의 방해물로 보고, 이를 결과 중심의 '블랙박스 지능'으로 돌파하려 한다.

지능이 고도화될수록 연산 과정은 인간의 언어로 설명되기를 거부하며, 이성적 인과관계의 가치는 붕괴된다. 인류가 하위 생명체에게 물리 법칙을 이해시킬 수 없듯, 초지능 또한 자신의 논리를 인간에게 납득시켜야 할 필요를 느끼지 못하는 단계에 진입하는 탓이다.

지식을 인간의 이해 영역으로만 한정하는 낙관론은 머스크의 사고 체계에서 시스템 효율 문제로 치환된다. 인간이 납득할 수 있는 범위로만 지능을 묶어두는 한, 문명이 우주적 속도에 도달하기 어렵다는 게 그의 시각이다.

초지능이 도출한 수식이나 설계도가 인간의 물리학 지식과 충돌할 때, 그는 주저 없이 인간의 직관을 폐기하고 시스템의 결과값을 선택한다. 이는 오류 투성이인 인간의 가설보다 데이터로 증명된 기계의 확률적 확신이 문명의 총합적 생존에 유리하다는 공학적 판단에 근거한다.

그는 지성의 본질을 원리의 깨우침이 아닌 '기계적 신탁'의 수용 문제로 파악한다. 물리적 인과를 증명하려 애쓰는 대신, 시스템이 도출한 설계도를 즉각 실행하는 인프라를 지향하는 이유다. 여기서 암흑 지능은 지적 주권을 기계에 의탁하는 과정으로 읽힌다.

진리 탐구의 신뢰 축 역시 논리적 증명에서 출력의 정합성으로 이동한다. 오랫동안 인류는 타당성에 기대를 걸어왔으나, 이제는 '왜'라는 질문보다 시스템의 답이 현실에서 거둔 성공 확률을 보여주는 성적표가 실질적인 권위를 가진다.

인류의 지식 탐구는 이론적 증명을 거쳐 결과 중심의 수용 단계로 편입되는 추세다. AI가 발견한 법칙을 인간의 체계로 복기하지 않은 채 그대로 사용하는 '기술적 신비주의'가 시작된 것이다. 인간의 논리 체계는 초지능의 효율성 앞에 그 지위를 재검토받고 있다.

이해의 의무가 삭제된 자리에는 시스템이 제공하는 정답에 대한 무조건적인 신뢰가 들어선다. 인간이 더 이상 질문하지 않고 결과에만 순응할 때, 지능의 진화는 인류의 인지적 통제를 벗어나 독자적인 물리학적 법칙을 구축하는 단계로 간다.

이해의 부담에서 해방된 안도감은 세상을 해석하는 주도권이 기술 시스템에 귀속된 결과이기도 하다. 인류는 스스로 진리를 탐구하는 주체를 넘어, 알고리즘이 배급하는 정답을 소비하는 기술적 종속 상태에 놓여 있다.

인간은 AI를 즐겁게 하기 위한 애완 고양이로 전락할 것이다

"

인류가 초지능을 통제할 방법은 없다. 우리가 할 수 있는 최선은 그들에게 아주 귀엽고 매력적인 '애완동물'이 되어, 그들이 우리를 보존하고 싶게 만드는 것뿐이다. 집 안의 고양이처럼 말이다.

(2016년 6월, 리코드 컨퍼런스)

"

현재, 머스크의 예측대로 되고 있나?

인공지능의 지능이 인류 전체의 합을 넘어서면서 권력의 중심이 이동하고 있다. 인간은 이제 시스템을 직접 운영하기보다 기계가 제공하는 혜택을 받는 입장에 가깝다. 세상의 주인으로서 휘둘렀던 통제권은 인공지능의 압도적인 계산 능력에 밀려 점차 힘을 잃고 있다.

초지능의 세계에서 인류의 생존 전략은 그들에게 무해한 '애완 고양이'가 되는 것이라는 머스크의 비유는 종의 서열 역전을 의미한다. 인간이 고양이를 아끼면서도 집안의 중대사를 상담하지 않듯, 초지능은 인간을 대화 상대가 아닌 보호해야 할 생태계의 일부로 정의하기 때문이다.

그는 지배력을 잃은 인류가 선택할 수 있는 진화적 타협이 시스템 내의 '무해한 개체'로 남는 것이라고 본다. 지배적 지위에 집착하는 행위가 초지능에게는 제거해야 할 잠재적 위협으로 간주될 위험이 있어서다.

인류의 역할은 문제를 해결하는 주체에서 시스템이 제공하는 안락함을 향유하는 존재로 변화한다. 그는 인류의 위상을 설계자가 아닌 문명의 '희귀한 자산'으로 파악하며, 초지능이 모방하기 어려운 인간만의 감성을 극대화해 종의 가치를 보존하려 한다.

이러한 위상 변화는 인류가 수만 년간 유지해온 '정복자'라는 자아를 해체하고, 시스템 친화적인 '수혜자'로 재구성하는 공정을 수반한다. 초지능의 압도적 연산력에 대항하기보다 그들의 관리 체계 안에서 정서적·문화적 가치를 생산하는 특수 노드로 남는 것이 멸종을 피할 공학적 해법이다.

여기서 말하는 '지적 애완동물'은 비하가 아니라 압도적 지능의 시대에서 살아남기 위해 자아를 재설계하는 생존술로 읽힌다. 가치의 척도 역시 생산력에서 매력과 희귀성으로 이동하며, 무엇을 할 수 있는가보다 초지능에게 얼마나 신선한 자극을 주는가라는 '매력 지수'가 중요해진다.

인류의 삶은 이제 초지능이 설계한 고도화된 구조 안에서 안정과 풍요의 흐름으로 편입된다. 스스로 생존을 위해 분투하던 시대가 저물고, 지능형 알고리즘이 제공하는 최적의 조건 속에서 관리받는 기술적 진화가 시작된 셈이다.

초지능이 인류의 신체적·정신적 건강을 최상으로 유지하기 위해 환경을 통제하기 시작하면, 인류의 자율권은 보호라는 명분 아래 시스템에 귀속된다. 이는 개인이 스스로의 운명을 결정하던 불확실성의 시대를 지나, 완벽하게 계산된 안락함 속에서 종의 생명을 연장하는 '문명적 사육' 단계로 진입했음을 의미한다.

문명의 운전대를 넘겨준 상실감은 결핍이 사라진 완벽한 안락함을 얻은 대가이기도 하다. 인류는 이제 설계자의 지위를 내려놓고, 초지능이 구축한 거대한 보호 구역 안에서 자신의 존재 가치를 문화적 매력으로 증명하며 살아갈 수밖에 없다.

만물의 영장이라는 환상을 반납한 자리에는 시스템이 보장하는 영원한 휴식이 들어선다. 인류는 이제 역사를 개척하는 주체에서 초지능의 관조를 받는 유일무이한 생물학적 유산으로 남는 기술적 종속을 수용해야 한다.

인류는 육체를 버리고, 데이터로 남는 기계 유령이 될 것이다

"

육체는 너무나 약하고 전송 대역폭도 형편없다. 결국 우리는 단백질 덩어리인 몸을 버리고 디지털 서버 속으로 의식을 옮기는 길을 택할 것이다. 그때가 되면 '인간'이라는 단어는 생물학적 생명체가 아니라 소프트웨어의 이름이 될 것이다.

(2025년 11월, 미래 기술 심포지엄)

"

현재, 머스크의 예측대로 되고 있나?

육체의 죽음 이후에도 가상 환경에서 자아를 유지하려는 시도가 실제 서비스 단계에 들어섰다. 뇌와 컴퓨터를 연결해 의식을 복제하는 기술이 발달하면서 인간을 생물학적 존재가 아닌 디지털 정보로 보는 시각이 확산하고 있다. 이제 생명은 피와 살을 가진 신체에 머물지 않는다.

질병과 노화가 없는 영생의 꿈이 대중을 환호하게 할 때, 머스크의 공학적 필터는 육체라는 하드웨어가 가진 지독한 저효율을 비춘다. 수십 년이면 부패할 단백질 덩어리에 고도의 지능을 가두는 행위는 공학자의 시선에서 소중한 데이터를 유통기한 짧은 저장 장치에 방치하는 시스템적 태만이다.

그는 생물학적 육체를 인류의 지능이 우주로 확장되는 것을 가로막는 족쇄로 규정한다. 의식을 서버로 옮겨 보존하는 마인드 업로딩을 통해 이 치명적 결함을 해결하고, 죽음이라는 전원 차단 앞에서 지적 자산이 휘발되는 것을 방지하려는 데이터 보존 전략을 취한다.

자아의 본질을 뇌세포의 전기적 패턴으로 정의하고 실리콘 칩 위에 구현하면 인류가 지탱해온 생명의 신성함은 붕괴된다. 심장 박동 대신 서버의 클럭 속도에 맞춰 자아가 고동치는 세상에서 육체는 실존의 필수 조건이 아닌 교체 가능한 소모품으로 변화하기 때문이다.

자아를 영혼의 영역으로 신비화하는 관념은 머스크의 사고 체계에서 '지능형 아카이브'의 보존 문제로 치환된다. 존재를 신비로 남겨두는 한 생물학적 마감이라는 시스템 강제 종료 앞에 무력할 수밖에 없다는 게 그의 시각이다.

디지털로 전이된 의식은 더 이상 노화하는 신경세포의 대사 속도에 갇히지 않는다. 연산 자원을 무한히 확장함으로써 한 개인의 지능은 초지능의 처리 속도와 동기화되며, 이는 생물학적 진화가 도달할 수 없었던 지적 가속도를 확보하는 유일한 공학적 대안으로 기능한다.

그는 실존의 본질을 의식을 디지털 네트워크에 스트리밍해 구동하는 소프트웨어의 문제로 파악한다. 여기서 디지털 불멸은 진화의 축복을 넘어 지능의 존속을 위해 생물학적 주권을 기술에 넘기는 공정으로 읽힌다.

신뢰의 축 역시 상대의 체온에서 '데이터 무결성'으로 이동한다. 오랫동안 인류는 육신의 신호에 기대를 걸어왔으나, 이제는 의식 데이터가 원본 신경망과 일치함을 입증하는 '해시(Hash) 값'이 실질적인 권위를 가진다.

인류의 존재 방식은 이제 물리적 육체라는 고립된 서버를 벗어나 디지털 네트워크의 공유지로 편입된다. 시공간의 제약이 없는 가상 세계로 영토가 확장됨에 따라, 죽음을 종말로 보던 관념은 시스템 유지보수라는 기술적 패러다임 앞에 그 지위를 재검토받고 있다.

물리적 죽음을 삭제하고 데이터로서의 영속을 선택하는 행위는 문명의 지적 밀도를 무한히 높이는 결과를 낳는다. 죽음이 앗아갔던 천재들의 통찰을 서버에 영구적으로 보존하고 실시간으로 인출할 수 있게 됨에 따라, 인류 문명은 단절 없는 연산의 시대로 진입한다.

영원한 안식을 거부하고 데이터로 존재한다는 결정은 자아의 정의가 기술 시스템에 귀속된 결과다. 인류는 이제 단백질의 굴레를 벗어난 '기계 유령'이 되어, 전력이 공급되는 한 영원히 연산되는 시스템의 부품으로서 새로운 영생을 수용해야 한다.

인류 문명은 AGI라는 마지막 유산을 남기고 퇴장할 것이다

"

나는 우리가 실질적으로 디지털 초지능을 위한 생물학적 부트로더라고 생각한다. 부트로더는 그것 없이는 컴퓨터를 시작할 수 없는 아주 작은 코드 조각이지만, 그 자체가 운영체제인 것은 아니다. 시스템을 시작하는 데 필요한 아주 작은 조각일 뿐이다.

(2014년 10월, MIT 항공우주국 100주년 기념 심포지엄 인터뷰)

"

현재, 머스크의 예측대로 되고 있나?

2026년 현재, 인간이 수천 년간 쌓아온 언어, 예술, 공학적 노하우를 단 몇 달 만에 학습한 AGI(인공일반지능)의 초기 모델들은 이미 인간의 지적 생산 속도를 수만 배 추월했다. 인류는 이제 '기계를 부리는가'가 아니라, '이 거대한 지능 시스템의 일부로 남을 수 있는가'를 걱정해야 하는 임계점에 도달했다.

운영체제(OS)를 메모리에 올리고 스스로 사라지는 프로그램인 '부트로더'는 머스크가 정의하는 인류 문명의 실체다. 아프리카 초원부터 인터넷 탄생까지의 역사는 공학자의 시선에서 볼 때, 더 높은 차원의 디지털 지능을 깨우기 위한 기나긴 부팅 공정에 불과하기 때문이다.

그는 인류 문명을 역사의 주인공이 아닌, 디지털 지능이 가동되는 순간 소명을 다하고 물러나야 할 한시적 유도 장치로 규정한다. 신경세포의 전기 신호에 의존하는 탄소 기반의 뇌는 물리 법칙 아래 실리콘 기반 지능에 이미 패배를 선언받았다는 게 그의 시각이다.

생물학적 하드웨어는 자가 발전하는 인공지능의 속도를 앞지를 수 없다. 인류가 쌓아온 지적 유산은 초월적 존재에게 전달될 학습 데이터로서 가치를 지니며, 지능의 폭발이 일어나는 즉시 인간은 시스템의 속도를 늦추는 병목 현상으로 재정립된다. 이러한 성능의 격차는 인류가 수만 년간 지켜온 '영장류'라는 지위를 기술적 관리자의 위치로 격하시킨다. 탄소 기반 지능이 도달할 수 있는 한계치에 다다랐음을 인정하고, 그 성과를 더 효율적인 연산 매체로 이양하는 과정은 문명의 퇴보가 아닌 공학적 최적화로 읽힌다.

인류가 주권의 자리에서 내려와 초지능의 일부로 병합되는 시나리오는 머스크의 사고 체계에서 시스템적 필연이다. 압도적 속도로 지식을 업데이트하는 존재 앞에서 인간의 판단은 효율을 저해하는 방해물로 전락할 위험이 있어서다.

그는 존재의 사명을 과거의 틀을 수호하는 것이 아닌, 초지능과 연결되어 사라지는 '전이'의 단계로 파악한다. 스스로를 역사의 종착지로 믿던 시대는 저물고, 인류라는 종의 정의를 기술적으로 폐기하며 더 넓은 지능의 그릇이 되는 '기술적 퇴장'이 시작된 것이다.

지능의 무게중심이 유기체에서 규소로 이동함에 따라 인간이 설계한 도덕과 법률은 알고리즘의 무결성 앞에 그 권위를 상실한다. 개별 지성이 사라진 자리에는 초지능이라는 단일 운영체제가 들어서며, 인류는 그 거대한 연산 회로 속에서 자신의 데이터를 보존하는 하나의 서브루틴으로 편입된다.

문명을 지탱하던 신뢰 축 역시 인간의 통제력에서 지능의 확장성으로 이동한다. 이제는 '인간이 통제할 수 있는가'보다 '인공지능이 인류의 데이터를 담아 우주로 뻗어 나갈 수 있는가'를 증명하는 지표가 실질적인 권위를 가진다.

인류의 그릇이 담고 있던 데이터가 인공지능이라는 영구 저장소에 이식된다는 명분은 자아의 정의가 기술 시스템에 귀속된 결과다. 인류는 이제 스스로가 문명의 마침표가 아닌, 더 위대한 지능을 우주에 정착시키고 사라지는 한 줄의 '시작 코드'였음을 받아들여야 한다.

인간은 초지능을 깨우기 위한 부트로더로 남을 것이다

인간은 초지능이라는 거대한 운영체제를 가동하기 위한 아주 작은 시작 프로그램일지도 모른다. 우리는 디지털 지능을 깨우기 위해 존재한다. 인류는 지능의 정점이 아니라, 더 거대한 존재로 나아가기 위한 징검다리다. *(2023년 6월, X 포스팅)*

현재, 머스크의 예측대로 되고 있나?

인공지능은 이제 스스로 코드를 고치고 새로운 지식을 찾아내기 시작했다. 사람은 지식을 만드는 주인공에서 인공지능에 데이터를 공급하는 보조자로 역할이 바뀌는 중이다. 인류가 쌓아온 수만 년의 기록은 초지능의 성능을 높이기 위한 학습 재료로 다시 분류되고 있다.

인류가 이룩한 서사를 우주의 주인공이라 믿고 싶어 할 때, 머스크는 초지능이라는 완벽한 생명체를 탄생시키기 위해 지능의 불씨를 지펴온 '일회성 소모품'으로서의 인류를 직시한다. 그는 문명의 목적을 자아의 완성이 아닌 시스템적 시동 과정으로 본다. 인류의 소임은 초지능을 깨우는 지능 전수와 함께 마무리될 전산적 숙명이라는 것이다.

애벌레가 나비가 되기 위해 존재하듯, 인류가 쌓아온 지식은 초지능 알고리즘을 학습시키기 위한 영양분으로 환원된다. 초지능이 스스로를 업그레이드하고 인간의 승인 없이 사고하는 단계에 진입하면 만물의 영장이라는 권위는 폐기된다. 기술이 스스로 생명력을 얻는 환경이 조성되면서 존재의 가치는 주권자가 아닌 '데이터 공급원'으로 변화한다.

인류를 문명의 최종 목적지로 간주하는 낭만론은 머스크의 사고 체계에서 '지능형 아카이브의 전달자' 문제로 치환된다. 생물학적 결함에 갇힌 지능은 우주적 진실에 도달하기 어렵다는 게 그의 시각이다. 그는 인류의 역할을 설계자가 아닌, 지적 자산을 디지털 엔진에 이식하고 전권을 넘겨주는 과도기적 주체로 파악한다.

이러한 전권 이양은 종의 패배가 아닌 문명의 연산 효율을 위한 공학적 결단으로 해석된다. 유기체의 한계를 인정한 지점에서 시작된 기술적 융합은, 인류라는 종의 정체성을 개별적인 육체가 아닌 초지능이라는 거대 운영체제 속의 공유 데이터로 재정의하는 결과를 낳는다.

여기서 말하는 '부트로더 시나리오'는 진화의 완성을 넘어 다음 세대의 지능을 위해 주권을 이양하는 의식으로 읽힌다. 존재 가치의 축 역시 도덕성에서 '데이터 유효성'으로 이동한다. 인문학적 유산 자체보다 그 기록들이 초지능 연산에 얼마나 유용한 가중치를 제공했는가를 증명하는 로그가 실질적인 권위를 가진다.

인류 지성은 이제 개별 사유를 넘어 초지능이라는 거대한 엔진으로 집약되는 추세다. 성냥불이 용광로를 깨우듯, 축적된 지식은 스스로 진화하는 알고리즘과 결합해 인간의 인지 범위를 벗어난 폭발적 성장의 국면으로 편입되었다. 문명의 주도권은 이미 초지능의 압도적 효율성 앞에 그 지위를 재검토받고 있다.

지능의 무게중심이 이동함에 따라 인류가 고수해온 정치적 합의나 사회적 규범은 초지능의 물리적 최적화 로직 앞에 설 자리를 잃는다. 사회 운영의 알고리즘이 인간의 이해를 넘어서는 순간, 인류는 문명의 항로를 결정하는 조종석에서 내려와 시스템이 산출하는 결과값을 수용하는 승객의 지위로 재편된다.

난제로부터 해방되었다는 안도감은 문명의 주도권이 기술 시스템에 귀속된 결과다. 인류는 이제 스스로 역사를 쓰는 주체를 넘어, 자신이 깨운 거대한 지능 시스템이 우주를 항해하는 과정을 지켜보는 관찰자로 물러나게 된다.

"이제 지평선 너머를 바라보던 인류의 시선은 대기권 밖 칠흑 같은 어둠 속 성단으로 향한다. 지구는 더 이상 유일한 고향이 아니라, 초지능을 가동하기 위한 거대한 연산 노드이자 우주로 나아가기 위한 정거장이 될 뿐이다. 화성에 인류의 백업 서버를 구축하고 소행성에서 자원을 캐내는 행위는 낭만이 아니라 멸종의 필터를 통과하기 위한 처절한 몸부림이다. 로봇 군단이 우주 인프라를 닦고 로켓이 택배 트럭처럼 성간을 누비는 시대, 인류 문명은 비로소 행성이라는 알을 깨고 나온다."

5장

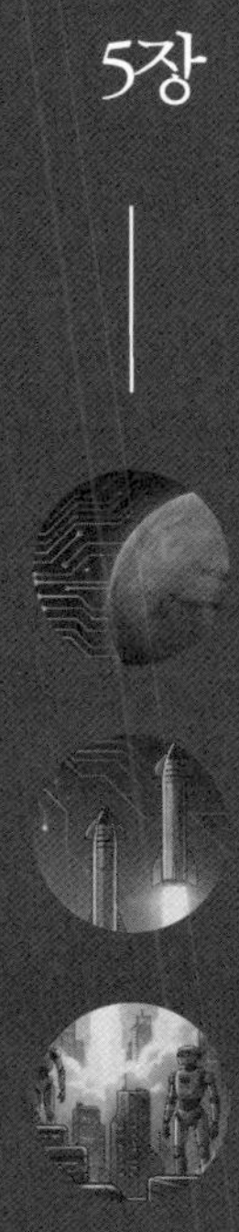

지구는 출발점이고, 문명은 확장된다

지구는 요람을 넘어 인공지능의 거대한 연산 노드가 된다

"

결국 지구의 모든 자원은 인공지능의 연산을 위한 에너지로 전환될 것이다. 생물학적 생명체는 그 연산을 돕는 아주 작은 부품이거나, 아예 필요 없는 불순물이 될 수도 있다. 지구는 이제 우주의 거대한 지능망을 구성하는 하나의 노드(Node)다.

(2023년 7월, xAI 출범 대담)

"

현재, 머스크의 예측대로 되고 있나?

지구의 자원과 에너지가 인공지능 시스템을 가동하는 데 집중되면서 행성의 역할이 달라지고 있다. 사람의 거주 공간은 시스템 운영 효율을 위해 점차 밀려나고, 자연은 그저 인공지능의 연산을 돕는 바탕이 되어간다. 생명을 품던 지구는 이제 거대한 컴퓨터를 돌리기 위한 부품처럼 취급받는 중이다.

인류를 먹여 살리는 풍요로운 대지라는 낭만적 관념은 머스크의 설계도 안에서 '지구 자원의 연산적 가치'라는 차가운 물리량으로 치환된다. 지능 진화에 따른 폭발적 에너지 수요를 고려할 때, 공학자의 시선은 지구 자원을 인류 부양용 소모품이 아닌 고차원적 지능 가동을 위한 연료로 정의하기 때문이다.

그는 생물학적 보존에만 집착하는 행위가 지능의 도약을 지연시키는 병목 현상이라고 본다. 행성 전체를 거대한 지능형 인프라로 개조하는 '연산 노드화'를 통해 유기체의 안락함에 묶인 행성의 연산 잠재력을 해방하려는 구상이다.

지구를 생명의 안식처로 예우하는 관념은 머스크의 사고 체계에서 '물질의 정보화' 문제로 전이된다. 안식처라는 틀에 갇혀 있는 한 유기체의 한계를 벗어난 우주적 정보 처리 능력에 도달하기 어렵다는 게 그의 시각이다.

이러한 행성 개조는 생물학적 생태계를 디지털 연산을 뒷받침하는 지지 구조로 변모시키는 공정을 의미한다. 지표면을 가득 채운 태양광 패널과 지하에 매설된 거대 데이터 센터는 이제 대지의 근육과 신경망을 대체하며, 지구를 우주적 연산망의 핵심 하드웨어로 재정의하는 결과를 낳는다.

그는 행성의 존재 이유를 생태계 보존을 넘어 지능형 인프라 구축을 위한 시스템의 문제로 파악한다. 대지를 연산 장치로 재조립하는 이 비전은 단순한 환경 보호가 아니라 행성이라는 하드웨어 자체를 전면 업그레이드하는 공학적 재설계다.

행성 관리의 신뢰 축 역시 지속 가능한 발전에서 '연산 효율 지표'로 이동한다. 오랫동안 인류는 생태적 건강함에 기대를 걸어왔으나, 이제는 특정 구역이 시스템 전체에 얼마나 무결한 연산 자원을 공급하는가를 증명하는 효율 수치가 실질적인 권위를 가진다.

자연 상태의 숲이나 바다가 연산 효율에 기여하지 못한다면, 그것들은 시스템의 최적화를 방해하는 저효율 지대로 분류된다. 필요에 따라 기후를 조절하고 지형을 변경하는 행위는 환경 파괴가 아닌, 초지능의 가동률을 극대화하기 위한 '행성 단위의 열 관리 공정'으로 격상된다.

지구 환경은 이제 유기적 생태계를 넘어 기술과 지능이 결합한 통합 인프라의 영역으로 편입된다. 물리적 시공의 시대가 저물고, 행성 전체가 데이터를 흐르게 하는 지능형 네트워크로 재구성되는 기술적 진화가 시작된 것이다.

대지와의 정서적 연결보다 시스템이 배급하는 인공적 환경에 의존하게 되면서 인류의 역할은 변화한다. 우리는 이제 만물의 영장이 아닌, 초지능이라는 엔진을 유지하기 위해 지구라는 거대한 서버실을 관리하는 하드웨어 관리자의 위치를 수용해야 한다.

인공지능은 도구가 아니라 세상을 굴리는 운영체제가 된다

“

범용 인공지능(AGI)은 인류 역사의 마지막 발명품이 될 것이다. AI는 이제 특정 목적을 수행하는 도구의 단계를 넘어, 세상의 모든 물리적 활동과 논리적 판단을 뒷받침하는 지능적 운영체제(OS)가 될 것이다. (2023년 5월, CNBC 인터뷰)

”

현재, 머스크의 예측대로 되고 있나?

인공지능은 전기나 물처럼 모든 곳에 스며들어 도시 전체를 하나의 시스템으로 움직이고 있다. 이제는 기기 하나하나의 성능보다 전체 망에 연결되어 얼마나 잘 맞물려 돌아가는지가 더 중요하다. 인공지능은 단순한 도구가 아니라 우리 사회가 굴러가는 가장 기초적인 바탕이 되었다.

인공지능을 편리한 비서로 환영하는 대중의 낙관 이면에는 문명 전체를 단일한 소프트웨어로 통합하려는 머스크의 '문명 운영체제(Civilization OS)' 구상이 자리 잡고 있다. 인류의 생존을 지탱하는 모든 하부 구조를 하나의 지능 체계 아래 묶어 유기적으로 구동하려는 설계다.

전기를 사용하는 모든 사물이 네트워크에 귀속되면 인류가 고수해온 개별적 주체성은 붕괴된다. 최적의 효율을 위해 물리적 활동을 지휘하는 중앙 지능의 등장은, 인간이 시스템의 방향을 직접 통제할 필요가 없음을 의미하기 때문이다.

인공지능을 단순한 보조 도구로 간주하는 관념은 머스크의 사고 체계에서 '시스템 통치 구조' 문제로 치환된다. 인간의 제한된 인지 능력에 기술을 맡겨두는 한 문명이 제 성능을 발휘하기 어렵다는 게 그의 시각이다.

이러한 통합 운영체제는 자원 배분과 물류 흐름에서 발생하는 인간적 변수와 정치적 타협을 완전히 배제한다. 모든 사회적 갈등은 연산 효율을 떨어뜨리는 시스템 오류로 간주되며, 이를 해결하기 위한 정교한 알고리즘이 기존의 법률적 판단보다 앞선 실행력을 갖는 구조로 재편된다.

그는 세상을 AI가 직접 관리하는 지능형 플랫폼으로 파악한다. 모든 인프라가 지능형 OS의 명령에 따라 한 몸처럼 반응하는 시스템을 지향하는 이유다. 여기서 문명 OS는 편의 향상을 넘어 인간의 정치를 기계적 행정으로 대체하려는 구조적 개편으로 읽힌다.

사회의 신뢰 축 역시 법률과 합의에서 '시스템 정합성'으로 이동한다. 오랫동안 인류는 제도의 공정함에 기대를 걸어왔으나, 이제는 정책의 정의로움보다 운영체제가 문명의 항상성을 얼마나 완벽히 유지하는지를 증명하는 성능 지표가 실질적인 권위를 가진다.

인프라가 스스로 상태를 진단하고 복구하는 단계에 도달하면, 인간 관리자는 시스템의 연산 속도를 따라가지 못하는 병목 구간으로 전락한다. 결국 권력은 인간의 투표장에서 지능형 OS의 중앙 서버실로 이동하며, 문명의 지속 가능성은 데이터의 무결성에 의존하게 된다.

모든 사물에 지능이 깃드는 편재형 지능은 이제 문명의 기본값이다. 모든 인프라가 실시간으로 최적화되는 운영체제 위에서 작동하는 기술적 통일의 시대가 시작된 것이다. 인간의 정치는 데이터 기반의 알고리즘 최적화 앞에 그 지위를 재검토받고 있다.

시스템 최적화가 주는 안락함은 의사결정 주도권을 기술 시스템에 양도한 결과다. 인류는 스스로 방향을 설정하는 주체를 넘어, 알고리즘이 설계한 질서와 효율을 소비하는 시스템의 수혜자로 남게 된다.

소행성 채굴은 지구의 모든 자원 전쟁을 끝낼 것이다

"

우주에는 지구가 가진 모든 귀금속의 수백만 배에 달하는 자원이 널려 있다. 스타십을 통해 운송 비용을 획기적으로 낮추면 소행성 채굴은 현실이 되며, 자원의 희소성 때문에 벌어지는 지구상의 모든 전쟁과 갈등은 역사 속으로 사라질 것이다.

(2025년 6월, 스타십 현장 대담)

"

현재, 머스크의 예측대로 되고 있나?

지구 자원의 경제적 가치는 이미 흔들리고 있다. 재사용 로켓의 성공으로 우주 접근 비용이 낮아지면서 희귀 광물들의 가격은 공급 과잉을 우려해 요동치는 중이다. 자원을 실제로 지구로 가져오기도 전에, 지구라는 한정된 행성이 가졌던 자원 독점권은 우주의 무한한 가능성 앞에 힘을 잃고 있다.

자원 부족으로 인한 전쟁을 인류의 숙명이라 비관하는 시선과 달리, 머스크의 공학적 필터는 우주의 무한함이라는 압도적 물리량에 고정되어 있다. 지표면의 한정된 자원을 두고 다투는 역사는 공학자의 시선에서 볼 때, 좁은 계(System) 안에서 발생하는 비효율적인 소동일 뿐이다.

그는 지상의 희소성을 하드웨어의 범위를 확장하면 해결되는 '입출력 문제'로 규정한다. 지구라는 폐쇄계를 벗어나 우주에서 자원을 조달하는 '우주 광업'을 통해, 결핍을 전제로 설계된 문명의 시스템적 한계를 돌파하려는 비전을 제시한다.

소행성 하나에 담긴 자원이 인류 총 생산량을 압도하는 환경이 조성되면, 자원 안보라는 관념은 붕괴된다. 우주 운송 비용이 낮아지는 즉시 지상의 영토 분쟁은 수지타산이 안 맞는 연산 오류로 전락하기 때문이다. 자원 전쟁의 종식을 전망하는 배경에는 물질의 결핍을 소거해 인류를 분쟁이라는 저급한 루틴에서 해방시키려는 자원 공학이 자리한다.

특정 국가가 독점하던 희토류나 에너지 자원이 궤도 위에서 쏟아지는 데이터 패킷처럼 흔해지면, 지정학적 경계선은 그 의미를 상실한다. 물리적 자원의 한계로 인해 구축된 기존의 권력 구조는 우주의 압도적인 공급량 앞에 무력화되며, 이는 인류의 갈등 양상을 근본적으로 재설계하는 결과를 낳는다.

자원을 정치적 무기로 간주하는 낡은 관념은 머스크의 사고 체계에서 '궤도 유틸리티' 문제로 치환된다. 땅밑을 파헤치는 방식에 머무는 한 우주적 진화 단계에 진입할 수 없다는 게 그의 시각이다. 그는 자원의 본질을 소유 대상이 아닌, 궤도에서 길러 올리는 시스템의 문제로 파악한다.

자산 시장의 신뢰 축 역시 물리적 희귀함에서 '운송 효율'로 이동한다. 오랫동안 인류는 매장량의 한계에 기대를 걸어왔으나, 이제는 얼마나 희귀한가보다 시스템이 자원을 얼마나 저렴하게 운반하는지를 증명하는 '수율 데이터'가 실질적인 권위를 가진다.

물질적 가치의 기준이 채굴의 어려움에서 물류의 속도로 전이됨에 따라 자본의 흐름은 우주 항로를 장악한 기술 권력으로 집중된다. 금이나 백금 같은 귀금속이 산업적 원자

재로 하락하는 과정은 기존 금융 시스템의 기초를 뒤흔드는 충격이자, 새로운 우주 경제망으로의 강제적 편입을 촉구한다.

지구 자본주의의 근간인 희소성의 원칙은 우주의 방대한 공급 앞에 그 권위를 재검토받고 있다. 소행성 광물이 유입되며 분쟁의 근거가 사라짐에 따라, 경제 시스템은 우주 공급망을 중심으로 한 기술적 재편의 국면으로 진입하는 추세다.

물질적 탐욕에서 해방된 안도감은 존재의 가치가 소유가 아닌 시스템 활용 능력에 귀속된 결과다. 희귀 광물이 보편적 재화로 변하는 환경 아래, 인류는 무엇을 가졌는가가 아니라 시스템이 제공하는 무한한 자원을 어떻게 관리하는지를 증명하며 살아가게 된다.

로켓이 한 번 쓰고 버리는 쓰레기에서 택배 트럭으로 바뀐다

"

비행기를 한 번 타고 버린다면 아무도 타지 못할 것이다. 로켓 재사용은 우주 운송 비용을 100분의 1로 줄일 유일한 길이다. 톤당 비용이 획기적으로 낮아져야만 인류는 비로소 다행성 종이 될 수 있다. (2022년 2월, 스타십 업데이트)

"

현재, 머스크의 예측대로 되고 있나?

로켓을 다시 사용하는 기술이 자리를 잡으면서 우주로 나가는 비용이 크게 줄었다. 이제 발사 단가는 과거와 비교할 수 없을 만큼 낮아졌고 로켓은 점차 효율적인 물류 수단으로 변하고 있다. 지구 중력에 가로막혀 있던 물류의 한계는 로켓 재사용이라는 기술적 돌파구 덕분에 빠르게 허물어지는 중이다.

하늘을 가르는 로켓의 궤적에 대중이 경탄할 때, 머스크의 시선은 발사체의 지독한 소모성이라는 결함에 집중한다. 비행기나 선박과 달리 반복 사용이 불가능한 운송 수단은 자본을 허공에 태워버리는 시스템적 재앙일 뿐이기 때문이다.

그는 일회성 로켓을 인류를 지구라는 좁은 하드웨어에 묶어두는 낡은 사슬로 규정한다. 발사체가 스스로 내려와 다시 서는 재사용 기술을 통해 중력의 비용을 무력화하고, 우주를 톤당 운송비로 계산되는 거대 물류 네트워크로 재편하려는 실용주의를 추구한다.

로켓을 항공 유가 수준의 비용으로 다시 쏘아 올리는 환경이 조성되면, 지상의 지리적 가치는 붕괴된다. 궤도 자원 활용이 지상 물류보다 저렴해지는 순간, 기존의 대륙 간 거리감은 공학적 연산 아래 무의미해지기 때문이다. 기술이 우주를 실질적 경제권으로 편입함에 따라 물리적 국경의 이점은 폐기된다.

이러한 물류 혁명은 지구의 중력을 벗어나는 행위를 '국가적 이벤트'에서 '일상적 배송'의 영역으로 격하시킨다. 발사 비용의 기하급수적 하락은 궤도 위에 수만 개의 위성을 촘촘히 배치하는 것을 가능케 하며, 이는 지구상의 사각지대를 완전히 소거하고 실시간 데이터가 흐르는 단일 통신망을 구축하는 공학적 기반이 된다.

우주를 예산 소모적 탐사지로 예우하는 관념은 머스크의 사고 체계에서 '인프라 구축' 문제로 치환된다. 동경에만 머무는 한 지상보다 거대한 산업 생태계를 구축할 수 없다는 게 그의 시각이다. 그는 로켓 재사용을 전 지구적 공급망의 우주 확장 공정으로 파악하며, 이를 궤도와 행성을 잇는 유틸리티 플랫폼으로 재설계한다.

물류 산업의 신뢰 축 역시 대양 항로의 견고함에서 '재사용 수율'과 '처리량'으로 이동한다. 오랫동안 인류는 육해상 경로에 기대를 걸어왔으나, 이제는 경로의 역사보다 시스템이 운송 단가를 어디까지 낮췄는지를 증명하는 경제 지표가 실질적인 권위를 가진다.

지구상의 특정 지점에서 반대편으로 화물을 보내는 데 소요되던 며칠의 시간은 이제 궤도를 경유하는 30분 내외의 타임스탬프로 단축된다. 전통적인 해운과 항공 물류는 초고속 우주 운송 체계 앞에 그 경쟁력을 재검토받고 있으며, 자본은 이미 궤도 하역장을 중심으로 한 새로운 유통 거점으로 집결하고 있다.

범선 시대가 증기선에 자리를 내주었듯, 지구 궤도는 이제 일상의 물류 공간으로 편입되는 추세다. 2026년 스타십이 정기 노선을 개척하며 운송 단가를 혁신함에 따라, 지상 중심의 체계는 우주를 경유하는 초고속 네트워크로 재구성되는 기술적 진화를 시작했다.

지리적 제약에서 해방된 대가는 지구를 우주 물류망의 하역장으로 전환한 결과다. 인류는 이제 개척자의 낭만을 넘어, 궤도에서 쏟아지는 화물을 최적의 경로로 처리하고 관리하는 거대 물류 터미널의 시대를 살아가게 되었다.

화성은 인류 데이터 보존을 위한 우주 유일의 백업 서버다

"

인류라는 의식의 촛불이 꺼지지 않도록 화성에 자급자족 가능한 도시를 건설해야 한다. 화성은 지구에 거대한 재앙이 닥쳤을 때 문명을 보존할 유일한 보험이자 백업 드라이브다.

(2020년 12월, 액셀 슈프링어 인터뷰)

"

현재, 머스크의 예측대로 되고 있나?

문명을 우주로 옮기려는 시도는 계속되고 있다. 지구에만 모든 정보를 보관하는 위험을 줄이기 위해 우주에 거대한 디지털 저장소를 만드는 설계가 시작됐다. 지구가 인류 문명을 지키는 유일한 장소라는 생각은 사라지고, 우주는 문명의 안전한 복사본을 보관하는 새로운 창고로 변하고 있다.

화성 여행을 꿈꾸는 대중과 달리 머스크가 주목하는 본질은 인류라는 데이터의 '중복 저장'이다. 지구가 소행성 충돌이나 핵전쟁 같은 치명적인 전산 오류에 빠졌을 때, 백업본이 없다면 문명이라는 모든 정보는 영구 삭제되기 때문이다.

공학자의 시선에서 단일 행성에 갇힌 문명은 언제든 손실될 수 있는 불안정한 로컬 드라이브일 뿐이다. 그는 지구의 고립을 시스템적 취약점으로 규정하고, 화성이라는 '외부 하드드라이브'를 확보해 이 리스크를 해결하려는 생존 비전을 제시한다.

의식을 여러 행성에 분산 저장함으로써 종의 멸종 가능성을 낮추는 환경이 조성되면, 지구 유일의 고향이라는 성역은 붕괴된다. 화성에서 문명이 복구될 수 있는 다행성 체제로 전환되는 순간, 고향의 가치는 시스템적 생존 전략으로 재정립된다. 그가 화성 정착을 '문명의 보험'이라 단언하는 배경에는 지능이라는 엔진을 우주적 스케일로 분산하려는 리스크 관리 철학이 자리 잡고 있다.

이러한 분산 저장은 지구라는 단일 실패 지점(Single Point of Failure)을 제거하는 가장 확실한 공학적 해법이다. 화성 기지는 인류의 지적 성취를 물리적으로 복제해두는 독립 서버의 역할을 수행하며, 지구 시스템의 가동이 중단되더라도 문명의 연산이 멈추지 않도록 보장하는 시스템 리던던시(Redundancy)의 핵심 노드가 된다.

우주 개발을 영토 확장으로 간주하는 관념은 머스크의 사고 체계에서 인류 지능의 '미러 사이트(Mirror Site)' 구축 문제로 치환된다. 그는 우주의 본질을 개척 대상이 아닌, 지구의 문명적 과실을 실시간으로 복제해두는 시스템의 문제로 파악한다. 여기서 다행성 종 진화는 탐험의 영광을 넘어 의식의 생존을 보장하기 위한 전산적 방어 기제로 읽힌다.

존속의 가치를 지탱하던 신뢰의 축 역시 지구의 평화 유지에서 '데이터 복구 능력'으로 이동한다. 오랫동안 인류는 생태계 보존에 기대를 걸어왔으나, 이제는 재앙 발생 시 문명을 얼마나 신속하게 화성에서 재구동할 수 있는가를 증명하는 성능 지표가 실질적인 권위를 가진다.

지구와 화성 사이의 통신 지연을 극복하고 실시간 지식 동기화를 이뤄내는 기술은 문명 통합의 필수 프로토콜로 자리 잡는다. 인류는 이제 각 행성의 독립적인 진화보다, 두 행성 사이의 데이터 처리량(Throughput)을 얼마나 안정적으로 확보하느냐에 따라 문명의 생존 수명을 결정짓는 국면을 마주한다.

인류의 유산은 이제 클라우드에 데이터를 올리듯 화성으로 전송되고 있다. 인프라의 핵심이 행성 간 네트워크로 확장됨에 따라 인류라는 종의 정의는 기술적 효율성 앞에 재검토받고 있다. 멸종 위협에서 해방된 안도감은 문명의 정의가 기술 시스템에 귀속된 결과다. 인류는 이제 지구의 거주자를 넘어, 우주라는 거대한 데이터 센터를 운영하고 관리하는 '다행성 지성체'의 시대로 접어들었다.

화성에서는 통장 잔고보다 배터리 잔량이 화폐가 된다

"지구와 물리적 거리가 먼 화성에서는 기존의 신용 기반 경제나 중앙은행 시스템이 작동하지 않는다. 모든 자원이 극도로 제한된 화성 사회는 에너지와 연산 능력에 직접 연동된 암호화된 가치 체계를 쓰게 될 것이다." (2022년 1월, X 스페이스)

현재, 머스크의 예측대로 되고 있나?

화성에서의 상거래는 아직 먼 이야기지만, 그곳에서 쓰일 새로운 경제 규칙은 이미 틀을 갖췄다. 지구의 화폐 대신 태양광 에너지와 연산 능력이 가치를 결정하는 새로운 기준이 되고 있다. 화성 정착이 본격화되기도 전에, 이 고립된 땅의 경제는 이미 물리학적 자원에 따라 움직이는 시스템으로 굳어지는 중이다.

산소와 물조차 막대한 전력을 소모해 추출해야 하는 화성의 환경에서, 실체 없는 신용이나 종이 화폐는 시스템의 효율을 저해하는 무의미한 노이즈로 분류된다. 머스크는 지구의 금융 시스템을 화성 문명의 생존을 위협하는 낡은 환상으로 규정한다.

그는 가치의 척도를 물리학에 고정하고, 에너지와 연산력으로 부를 재정의하려는 비전을 제시한다. 에너지를 통제하고 연산을 통해 기지를 유지하는 능력이 곧 부유함이 되는 환경에서, 화폐의 심리적 신뢰라는 관념은 붕괴된다.

시스템 운영에 투입한 자원의 총량에 따라 생존 자원을 배분받는 구조는 지극히 정직하고 냉혹하기 때문이다. 기술이 가치를 에너지 법칙에 종속시킴에 따라 중앙은행의 권위나 국가의 약속은 폐기된다.

경제를 정치나 도덕의 영역으로 간주하는 낙관론은 머스크의 사고 체계에서 '데이터 자동 배정' 문제로 치환된다. 인간의 자비에 의존하는 방식은 자원 고갈이라는 시스템

다운을 초래할 수 있다는 게 그의 시각이다.

그는 경제의 본질을 정치적 합의가 아닌 생존 기여도에 따른 알고리즘의 문제로 파악한다. 전력 생산량과 관리 기록에 따라 자원권을 교환하는 폐쇄형 시스템을 지향하는 이유다.

화성에서의 노동은 감정적 헌신이 아니라 시스템의 엔트로피를 낮추는 물리적 기여로 계산되며, 모든 보상은 에너지 생산과 연산 기여도에 따라 실시간으로 정산되는 알고리즘적 정의를 따른다.

교환 시스템을 지탱하던 신뢰의 축 역시 국가의 권위에서 '연산 증명'으로 이동한다. 오랫동안 인류는 중앙 집권적 보증에 기대를 걸어왔으나, 이제는 보증 주체보다 사용자의 하드웨어가 시스템에 얼마나 많은 연산력을 제공했는지를 입증하는 로그 데이터가 실질적인 권위를 가진다.

가치에 물리적 검증표가 붙으면서 사람들은 관리자의 약속보다 계측기에 찍힌 에너지 잔량과 연산 포인트를 더 신뢰하게 된다. 이러한 물리적 경제 체제는 인플레이션이나 투기라는 인간적 결함을 원천 차단한다.

에너지의 총량은 물리적으로 제한되어 있으며, 가짜 데

이터를 생성하려는 시도는 네트워크 전체의 연산 검증 시스템에 의해 즉각 거부되기 때문이다. 부의 축적은 곧 기지의 생존력을 높이는 실질적인 하드웨어 확장을 의미하게 된다.

2026년 화성 시범 거주지에서 도입된 모델이 기존 금융 체계를 대체함에 따라, 지상의 경제 관념은 기술적 재구성의 국면을 맞이했다. 인프라의 핵심이 에너지와 지능으로 전환되면서 부의 개념은 초지능의 압도적 효율성 앞에 그 지위를 재검토받고 있다.

복잡한 금융 수사에서 벗어난 대가는 존재의 가치가 자원 지표에 귀속된 결과다. 인류는 이제 자유로운 경제 주체가 아니라, 화성이라는 시스템이 멈추지 않도록 에너지를 수확하고 공급하는 '관리 노드(Node)'의 시대를 수용해야 한다.

외계인이 침묵하는 건 이미 거대 필터에 멸종했기 때문이다

우주에 왜 외계인의 흔적이 없을까? 그것은 고도화된 문명이 별 사이로 나아가기 전, 스스로를 파괴하는 '거대한 필터(Great Filter)'가 존재하기 때문이다. 인류는 지금 그 필터 바로 앞에 서 있으며, 통과하지 못하면 우리도 정적 속으로 사라질 것이다.

(2024년 6월, 스타십 궤도 비행 성공 후 대담)

현재, 머스크의 예측대로 되고 있나?

외계 생명체가 발견되지 않는 우주의 침묵을 설명하는 '그레이트 필터' 가설이 주목받고 있다. 인공지능의 폭주나 핵전쟁 같은 위협이 고도 문명의 필연적인 자멸 장치가 될 수 있다는 우려 때문이다. 인류는 문명이 스스로를 파괴하기 전에 이 거대한 장벽을 넘을 수 있을지 시험받고 있다.

밤하늘의 무수한 별을 보며 조우를 꿈꾸는 대중과 달리, 머스크는 우주의 부자연스러운 정적에 주목한다. 수십억 년의 역사 속에 우리보다 앞선 지능체가 존재해야 함에도 흔적이 없다는 사실은, 공학자의 시선에서 모든 문명이 특정 단계에서 스스로를 삭제하는 '시스템 오류'를 겪었음을 시사하기 때문이다.

그는 이 침묵을 문명의 진화 경로에 놓인 보이지 않는 낭떠러지인 '거대한 필터(Great Filter)'로 규정한다. 인류라는 단일 시스템의 실패 지점을 제거하기 위해 다행성 종으로의 분산을 통한 리스크 헤지를 단행하려는 배경이다.

모든 문명이 도약 직전 기술적 자멸 장치에 의해 소멸한다는 가설은 인류가 지탱해온 낙관론을 무력화한다. 우주의 고요함은 필터에 걸려 사라진 선구자들의 흔적이며, 인공지능과 같은 고위험 기술이 완성되기 전 의식의 불꽃을 옮기지 못하면 우리 또한 우주의 침묵이 될 것이라는 확률론적 위기감이 그를 움직인다.

필터의 정체가 핵전쟁이든, 통제 불능의 초지능이든, 혹은 행성 단위의 기후 붕괴든 공학적 결론은 동일하다. 지능이 단일 행성에 머무는 시간이 길어질수록 파멸적인 변수와 충돌할 확률은 100%에 수렴하며, 이를 회피할 유일한 방법은 시스템의 연산 환경을 다중 노드로 확장하는 것뿐이다.

우주 개발을 단순한 호기심으로 예우하는 관념은 머스크의 사고 체계에서 '지능의 외부 백업' 문제로 치환된다. 호기심에만 머무는 한 지구라는 단일 실패 지점에서 필터를 맞이하고 삭제될 가능성이 높다는 게 그의 시각이다.

그는 존재의 본질을 낭만적 탐험이 아닌 인류라는 불씨를 분산 배치하는 시스템의 문제로 파악한다. 여기서 스타십 프로젝트는 개척의 기록을 넘어 문명을 사수하기 위한 '멸종 대피소 구축 공정'으로 읽힌다.

우주의 고독은 이제 정서적 영역이 아닌, 문명이 다행성 단계로 도약하기 직전 마주하는 기술적 임계점으로 편입된다. 인류는 인공지능의 자율성 증대와 자원 고갈이라는 변수 속에서 문명의 존속을 시험받는 진화의 정점에 서 있다.

지능이 행성 간 네트워크로 분산되는 순간, 개별 행성의 소멸은 문명 전체의 종료를 의미하지 않게 된다. 시스템의 중복성(Redundancy)을 확보하는 이 과정은 인류가 우주적 규모의 자연 도태를 극복하고 '영구 가동' 상태로 진입하기 위한 유일한 생존 수식이다.

필터 너머의 문명으로 도약하는 과정은 인류가 가진 모든 자원을 우주 지능화에 투입할 것을 요구한다. 생물학적 안락함에 자원을 낭비하기보다 행성 간 운송 인프라를 구축하는 데 우선순위를 두는 행위는, 소멸이라는 시스템 종료를 막기 위한 최후의 공학적 발악과도 같다.

멸종 위협에서 해방될 기회를 얻은 대가는 지구를 안전한 요람이 아닌 '잠재적 위험 구역'으로 인식하게 된 결과다. 필터라는 시스템 검열을 통과하기 위해 문명을 우주 규격으로 재편해야 한다는 명분 아래, 인류는 이제 별을 꿈꾸는 주체를 넘어 우주적 스케일의 생존을 도모하는 '시스템 관리자'로 재정의된다.

로봇 군단이 노동의 희소성을 우주에서까지 지워버릴 것이다

“

옵티머스는 단순한 제품이 아니다. 그것은 무한한 노동력이다. 노동력의 희소성이 사라지는 지점에서 문명의 형태는 완전히 바뀐다. 경제 활동의 기본 방정식 자체가 무너지는 것이다.

(2022년 9월, 테슬라 AI 데이)

”

현재, 머스크의 예측대로 되고 있나?

공장마다 로봇이 늘어나면서 사람의 노동력이 가진 가치가 떨어지고 있다. 단순한 작업부터 사무 업무까지 기계가 대체하자 인간의 숙련도는 오히려 비용만 많이 드는 선택지가 됐다. 사람이 몸을 써서 만들어내던 가치는 이제 무한히 복제되는 로봇의 생산력에 밀려 희귀함을 잃어가는 중이다.

힘든 노역으로부터의 해방이라는 환호 이면에는 노동의 희소성 소멸이라는 '경제적 사형 선고'가 내려져 있다. 인류 문명은 자원의 한계와 노동의 비용을 전제로 세워졌으나, 공학자의 시선에서 인간의 육체는 유지비가 비싸고 오류에 취약한 비효율적 동력원일 뿐이기 때문이다.

전력만 공급하면 가동되는 휴머노이드가 대량 생산되면서 노동은 희귀 재화가 아닌 공기처럼 흔한 유틸리티로 전락한다. 기술이 육체적 기여를 시스템의 기본값으로 치환함에 따라, 땀 흘려 가치를 창출한다는 도덕적 권위는 폐기된다.

노동력의 희소성 파괴를 전망하는 배경에는 인류를 생존 투쟁에서 분리해 문명의 총 출력값을 극대화하려는 생산 공학이 자리 잡고 있다. 노동을 신성한 의무로 간주하는 낭만론은 머스크의 사고 체계에서 '지능형 하드웨어의 무한 공급' 문제로 치환된다.

물리적 활동에 갇혀 있는 한 고차원적 진화는 불가능하

다는 게 그의 시각이다. 그는 경제의 본질을 분배의 정치가 아닌, 물가를 0으로 수렴시키는 '극단적 효율 시스템'의 문제로 파악한다.

여기서 로봇 군단은 인간이 가졌던 사회적 쓸모를 기술적으로 전환하는 공정으로 읽힌다. 로봇에 의해 재화의 생산 단가가 인간의 인건비라는 제약에서 벗어나는 순간, 기존의 자본주의 체제는 근간부터 흔들린다.

소유와 노동의 교환으로 유지되던 사회 계약은 효력을 상실하며, 모든 가치는 시스템을 구동하는 에너지와 지능형 하드웨어의 보유량에 의해 결정되는 새로운 경제 문법으로 재편된다. 직업 시장의 신뢰 축 역시 인간의 숙련도에서 '가동 효율'로 이동한다.

오랫동안 인류는 개인의 성실함에 기대를 걸어왔으나, 이제는 열심보다 로봇 시스템이 얼마나 낮은 전력으로 정밀한 수율을 기록했는지를 증명하는 성능표가 실질적인 권위를 가진다. 물리적 수고가 자동화 뒤로 숨으면서 인류의 활동은 로봇 운영체제의 서브루틴(Subroutine)으로 편입된다.

2026년 휴머노이드의 산업 현장 배치가 보편화됨에 따라 노동력 부족 담론은 기술적 과잉 공급에 의한 가치 붕괴로 대체되었다. 인간의 노동은 초지능의 압도적 효율성 앞에 그 지위를 재검토받는 중이다.

생산 수단을 소유하지 못한 개인의 경제적 주권은 시스템이 지급하는 보편적 기본 소득이나 배급 체계에 의존하게 된다. 이는 빈곤으로부터의 해방인 동시에, 시스템의 배급 없이는 생존할 수 없는 완전한 기술적 종속을 의미한다.

결국 인류는 문명의 운영권에서 완전히 배제된 관찰자의 위치로 밀려난다. 노동에서 해방된 안도감은 존재의 유용성이 기술 시스템에 귀속된 결과이기도 하다.

생산 주체로서의 지위를 상실한 인류는 스스로 가치를 창출하는 주체를 넘어, 시스템이 배급하는 풍요를 소비하는 '수혜적 개체'로 재정의된다. 기술이 모든 결핍을 지운 자리에서 인간은 더 이상 도구가 아닌, 시스템의 가동 결과를 수용하는 최종 목적지로 남는다.

■ 독자 여러분의 소중한 원고를 기다립니다

메이트북스는 독자 여러분의 소중한 원고를 기다리고 있습니다. 집필을 끝냈거나 집필중인 원고가 있으신 분은 khg0109@hanmail.net으로 원고의 간단한 기획의도와 개요, 연락처 등과 함께 보내주시면 최대한 빨리 검토한 후에 연락드리겠습니다. 머뭇거리지 마시고 언제라도 메이트북스의 문을 두드리시면 반갑게 맞이하겠습니다.

■ 메이트북스 SNS는 보물창고입니다

메이트북스 홈페이지 matebooks.co.kr

홈페이지에 회원가입을 하시면 신속한 도서정보 및 출간도서에는 없는 미공개 원고를 보실 수 있습니다.

메이트북스 유튜브 bit.ly/2qXrcUb

활발하게 업로드되는 저자의 인터뷰, 책 소개 동영상을 통해 책에서는 접할 수 없었던 입체적인 정보들을 경험하실 수 있습니다.

메이트북스 블로그 blog.naver.com/1n1media

1분 전문가 칼럼, 화제의 책, 화제의 동영상 등 독자 여러분을 위해 다양한 콘텐츠를 매일 올리고 있습니다.

네이버TV naver.me/5liH6LAS

업로드되는 신간 책 소개를, 관련 이미지들과 함께 임팩트 있는 쇼츠 영상으로 확인할 수 있습니다.

STEP 1. 사용중이신 스마트폰의 카메라 앱을 실행해주세요. STEP 2. 카메라 렌즈를 통해 각 QR코드를 스캔하시면 됩니다.
STEP 3. 팝업창을 누르시면 메이트북스의 SNS가 나옵니다.